U0908025

写作杂谈

跟大师写文章

朱自清 著

天津出版传媒集团
天津人民出版社

图书在版编目(CIP)数据

跟大师写文章：写作杂谈 / 朱自清著. -- 天津 : 天津人民出版社, 2021.4
ISBN 978-7-201-17105-0

Ⅰ. ①跟… Ⅱ. ①朱… Ⅲ. ①作文课－中学－教学参考资料 Ⅳ. ①G634.313

中国版本图书馆CIP数据核字(2020)第272162号

跟大师写文章：写作杂谈
GEN DASHI XIE WENZHANG：XIEZUO ZATAN
朱自清 著

出　　版　天津人民出版社
出 版 人　刘　庆
地　　址　天津市和平区西康路35号康岳大厦
邮政编码　300051
邮购电话　(022) 23332469
电子邮箱　reader@tjrmcbs.com

责任编辑　王昊静
策划编辑　李　根
装帧设计　三形三色

印　　刷　河北照利印刷有限公司
经　　销　新华书店
开　　本　880毫米×1230毫米　1/32
印　　张　8
字　　数　140千字
版次印次　2021年4月第1版　2021年4月第1次印刷
定　　价　42.00 元

出版说明

随着我国经济和文化的不断发展，人们物质和精神需求的日益提升，越来越希望对自己国家的文化有一个全面、深入的了解。

朱自清先生是近代散文大家，他对于写作有自己独特的见识，认为“思想，谈话，演说，作文，这四步一步比一步难，一步比一步需要更多的条理”，并且推崇通过“多看、多朗读、多习作”获得写作的奥秘。基于此，编者精选了朱自清的多篇文章，编辑出版《跟大师写文章：写作杂谈》一书。

为了方便广大读者朋友阅读，此次出版为精简版，并采取以旧录旧的方式。由于不同时代的语言习惯不同，作者也有自己的文字风格，若不影响阅读，内容则不予修改。对于一些作者笔误、排印错误等，则予以修改。

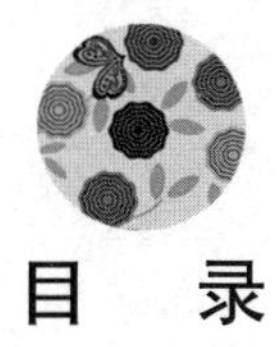

目　录

第一辑　写作杂谈

第二辑　语文杂谈

第三辑　雅俗共赏

第一辑
写作杂谈

我的写作的经验有两点也许可以奉献给青年的写作者。一是不放松文字，注意到每一词句，我觉得无论大小，都该从这里入手。控制文字是一种愉快，也是一种本领。二是不一定创作，写作的青年能够创作固然很好，不能创作，便该赶紧另找出路。现在已经能够看到的最大的出路，便是新闻的写作。

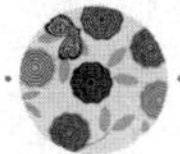

写作杂谈

一　文脉

多年批改学生作文，觉得他们的最大的毛病是思路不清。思路不清就是层次不清，也就是无条理。这似乎是初学作文的人不能免的毛病。无论今昔，无论文言和白话——不过作文言更容易如此罢了。这毛病在叙述文（包括描写文）和抒情文里比较不显著，在说明文和议论文里就容易看出。实际生活中说明文和议论文比叙述文和抒情文用得多，高中与大一的学生应该多练习这两体文字；一面也可以训练他们的思想。本篇便着眼在这两体上；文言文的问题比较复杂，现在且只就白话文立论。因为注重“思路”怎样表现在文字里，所以别称它为“文脉”——表现在语言里的，称为“语脉”。

现在许多青年大概有一个误解，认为白话文是跟说话差不多一致的。他们以为照着心里说的话写下来就是白话文，而心里说的话等于独自言语。但这种“独自言语”跟平常说话不同。不但不出声音，并且因为没有听者，没有种种自觉的和不自觉的限制，容易跑野马。在平常谈话或演说的时候，还免不了跑野马；独自思想时自然更会如此。再说思想也不一定全用语言，有时只用一些影像就过去了。因此作文便跟说话不能一致；思路不清正由于这些情形。说话也有没条理的；那也是思想训练不足，随心所向，不加控制的缘故。但说话的条理比作文的条理究竟容易训练些，而训练的机会也多些。这就是说从自然的思路变成文脉，比变成语脉要难。总之，从思想到语言，和从思想到文字，都需要一番努力，语言文字清楚的程度，便看努力的大小而定；若完全随心所向，必至于说的话人家听不懂，作的文人家看不懂。

照着心里说的话写下来，有时自己读着，教别人听，倒也还通顺似的；可是教别人看，就看出思路不清来了。这种情形似乎奇特，但我实地试验过，确有这种事。我并且想，许多的文脉不调正是因为这个缘故。现在的青年练习说话——特别是演说——的机会很多，应该有相当的控制语言的能力，就是说语脉不调的应该比较前一代的青年少。他们练习作文的机会其实也比较前一代多；但如上文所论，控制文字确是难些。而因为作的是白话文，他们却容易将语脉混进文脉里，减少自己的困难，增加自己的满足；他们是将作文当作了说话的记录。但说话时至少有声调的帮助，有时候承转或连贯全靠声调；白话文也有声调，可是另一种，不及口语声调的活泼有弹性，承转或连贯处，便得另起炉灶。将作文当说话的记录，是想象口语声调的存在，因此就不肯多费气力在承转或连贯上；但那口语的声调其实是不存在的。这种作文由作者自己读，他会按照口语的声调加以调整，所以听起来也还通顺似的。可是教别人看时，只照白话文的声调默读着，只按着文脉，毛病便出来了。那种自己读时的调整，是不自觉的，是让语脉蒙蔽了自己；这蒙蔽自己是不容易发现的，因此作文就难改进了。

思想，谈话，演说，作文，这四步一步比一步难，一步比一步需要更多的条理；思想可以独自随心所向，谈话和演说就得顾到少数与多数的听者，作文更得顾到不见面的读者，所以越来越需要条理。语脉和文脉不同，所以有些人长于说话而不长于作文，有些人恰相反；但也有相关联的情形。说话可以训练语脉；这样获得的语脉，特别是从演说练习里获得的，有时也可以帮助文脉的进展。所以要改进作文，可以从练习演说下手。但是语脉有时会混入文脉，像上一段说的。

在这种情形下，要改进作文，最好先读给人听，再请他看，请他改，并指出听时和看时觉得不同的地方，但是这件事得有负责的而且细心的教师才成。其实一般只要能够细看教师的批改也就很好。不过在这两种情形下，改本都得再三朗读，才会真得到益处。现在的学生肯细看教师的批改的已经很少，朗读改本的大概没有一个。这固然因为懒，也因为从来没有受到正确的朗读训练的缘故。现在白话文的朗读训练只在小学里有，那其实不是朗读，只是吟诵；吟诵重音节，便于背，却将文义忽略，不能训练文脉。要训练文脉，得用宣读文件的声调。我想若从小学时代起就训练这种正确的朗读，语脉混入文脉的情形将可减少，学生的作文也将容易进步。

再次是在作文时先写出详细的纲目。这不是从声调上下手，而是从意义上、从意念的排列上下手。这是诉诸逻辑。细目最好请教师看看。意念安排得有秩序，作起文来应该容易通顺些。不过这方法似乎不及前两者直截而自然。还有，作文时限制字数，或先作一段一段的，且慢作整篇的，这样可以有工夫细心修改；但得教师个别的指正，学生才知道修改的路子。这样修改的结果，文脉也可以清楚些。除了这些方法之外，更要紧的是多看、多朗读、多习作（三项都该多在说明和议论两体上下功夫）。这原是老生常谈，但这里要指出，前两项更重要些；只多作而不多看多读，文脉还是不容易获得的。

二　标点符号

历年批改大学一年级学生的作文，觉得他们对于标点符号的使用很不在意。他们之间，和一般人之间一样，流行着一句熟语：“加标点。”他们写作，多数是等到成篇之后再“加”标点符号的。这显然不是正确的办法。白话文之所以为白话文，标点符号是主要的成分之一。标点符号表明词句的性质，帮助达意的明确和表情的恰切，作用跟文字一样，决不是附加在文字上，可有可无的玩意儿。本来没有标点符号的古书和文言，为了帮助别人了解或为了自己了解正确，可以“加”上标点符号去。但是自己写作，特别是白话文，该将标点符号和文字一样看待，同等使用，随写随标点，才能尽标点符号的用处。若是等文字写成篇再“加标点”，那总是不会切合的。古书和原无标点符号的文言，“加标点”后往往有不切合处；那是古今达意表情的方式不同，无可奈何。自己写作，特别是白话文，标点符号正是支持我们达意表情的方式的，不充分利用，写作的效果便会因而减少。我们说话时得靠种种声调姿势帮助；写作时失去这种帮助，标点符号可以替代一部分。明白这个道理，便知道标点符号跟文字的关系是有机的——后“加”上去，就不是有机的了。

现在的学生乃至一般人往往乱用或滥用标点符号，结果标点符号真成了可有可无的东西似的。在达意方面，学生的作文里最常见的是逗号（，）和分号（；）的乱用。分号介在逗号和句号（。）之间，主要的作用在界划较长的句语和较短而意义上紧密的联系着的句子。青年们和一般人不大容易弄清楚这个符号的用处，是大家都知道的。有时他们似乎将它当逗号用，有时又似乎将它当句号用；用得合适的很少。这个符号本来复杂些，用错了还可以说是在意中。像逗号，很简单，乱用的却也很多，或许是一般想不到的。学生们作文里用逗号最多，往往一段文字只在段末有个句号，其余便是一大串逗号。这使人看不清他们的意义，摸不清他们的思路。他们似乎将逗号只当作停顿的符号用，而不管停顿的长短；更不管意义的分界。他们不大用句号，是一个可注意的现象。他们似乎没有清楚的“句”的意念。学生们作文，常犯思路不清或层次不明的毛病；这少用句号也是征象之一。此外还有惊叹号的滥用，似乎是一般的情形。就像公函中“为荷”下的惊叹号，便大可不必——句号尽合适了。更有爱用双惊叹号或三惊叹号的，给予读者的效果往往只是浮夸不实。

教育部二十年前就颁行过标点符号施行条例，起草的是胡适之先生。但是青年们和一般人注意这个条例的似乎不多。原因大约有好几种。一是推行的不尽力。这种条例应该常在青年读物或一般读物里引用，让大家常常看见，常常捉摸，才有用处。可是事实不然。中学教科书里虽然偶有论到标点符号的，也不多，教师们又不认真去教，成效自然不见。二是例句不合适。条例中所举的例句都是古书和文言，加上一些旧小说的白话，现代的白话文记得似乎没有。条例颁行的时期，白话文运动刚起头儿，为起信的缘故，只举旧例，也是一番苦心。可是如上文所论，这种例句“加”上标点符号，究竟不很自然；这种例句并不能充分表示每种标点符号的用处。再说既然都是旧例，爱读现代白话文的，便不免减少阅读的兴趣，不大去注意。我想教育部若能将那条例修订一番，细心选择现代白话文作为主要的例句，一面责成中学教师切实教授，并在改文时注意，标点符号的用法会渐渐正确起来的。不过，更重要的是，青年们得养成随文标点的习惯，一面还得在读现代白话文时随时体会一标一点的意味，学习正确的用法才成。

文病类例

在中学和大学里连续担任了多年国文作文课程，养成了自己对于语言文字的特殊兴趣——也许是一种咬文嚼字的癖。从二十二年起，并摘抄学生作文；大部分是句子，也有些成段的，也有些是全篇或各段的大意。句和段是原文，各段大意却是我参照原文编的。这里大都是些文病。我觉得现在一般青年朋友对于作文——特别是文字的技术方面——犯了一个共同的错儿，就是那“不好不要紧”的态度。任何爱好的青年朋友，只要肯想一想，就会知道这个态度是要不得的。我现在将历年所抄的材料整理出来，分类选例，加以说明。希望我们的青年朋友看了这些，也许多少可以改变那要不得的态度。若是更能够让他们参考了这些，举一反三，在文字技术上得到一点儿进步，那却是望外了。所有的例子都是从大学一年级学生的作文里摘出来的；这里只选白话文的例子，我觉得现在的青年朋友只要能写通白话文就够用了。

一　词汇

一般学生的通病是词汇太窄狭，在那窄狭的词汇里，又有许多词的意义不曾弄明白，写作起来，自然教人看不顺眼。国文教学不重记忆不重练习的流弊，在这里最容易见出。

一·一·一　（我）降生民国初年。

一·一·二　晨曦，千余学生从住在不同的地方像潮涌一般向昆明大西门外的云南省立农业学校来受课。

一·一·三　淅历（沥）的折纸的各种声音响了。

这里只讨论词汇，别的毛病，——假如有的话——暂且不谈。我们说“孔子降生”，“降”有“（从）天（而）降”的意思。孔子是伟大人物，所以说是“从天而降”，所以用得上“降生”这个词。但“降生”并不限于伟大人物，对于稍有身份的人，也可以用；那却只是客气的字眼，没有特别崇敬的意味。说到自己，显然不能用；说到自己，只能说

“我生在民国初年”，“我出生在民国初年”，或“我诞生在民国初年”。“出生”是个新词，但现在已经用得很熟了。“曦”是日色，是个名词。“晨曦”不成语，必得加“初上”一类助语才成；但那是文言，这儿不如说“早晨太阳刚出来的时候”。作者似乎是将“曦”字用成动词，似乎是将“晨曦”当作陶渊明《归去来辞》里的“晨光熹微”了。“淅沥”是形容小雨声和霰声的。作者许是不清楚这个词的意义，以为只是形容细碎的声音的；也许找不到适当的形容词，便将就着用它。以上三例，概括的看，都可以说是不明词义的病。

一·一·四　私塾中也有按时放假的习俗。

一·一·五　牺牲了自己，损失了国家。

一·一·六　大西门外的老乞丐，在紧缩苦叫。

一·一·七　借着买东西来换散一下迟木的心情。

一·一·八　我也要洒别我的教师和同学们。

“习俗”该是“习惯”，“损失”该是“损害”，“紧缩苦叫”该是“蜷缩着苦叫”。这是混用意义相近而不同的词；但“蜷缩”这个词，一·一·六的作者的词汇里也许压根儿就没有。“换散”大约是“涣散”，写别了，也用错了；该是“变换”或“舒散”两个词之一。但作者未必知道“舒散”这个词。这是混用声同义异或字同义异的词。“洒别”是“洒泪告别”这一仂语的缩短，这儿也许只是“告别”的意思。“握手作别”可以缩短成“握别”，“洒别”却不成语；若再用这“洒别”作“告别”，那是将普通情形和特殊情形混为一谈，自然不妥而又不妥了。这些可以说是混淆词义的病。

一·一·九　哭是情感的表现，在未表现之前是情感，既表现之后就是哭。

一·一·一〇　迫得我脑袋产生了一种恼人的东西。

一·一·一一　现在天气已经是很和暖了，可是居然还会落这样大的雪，所以大家心里都有各不相同的心理。

“情感”的表现不必就是哭，“情感”太泛，该是“悲戚”。“恼人的东西”不明白，大约是“烦恼”“恼恨”一类的意思。这句式根本不成，只消说“不由得我不烦恼（或恼恨）”就好。“各不相同的”也不明白，大约只是“惊疑”的意思。这句式也不成，只消说“大家心里都有些奇怪”就好。这些可以说是词义笼统的病。

一·一·一二　提起你麻木的脚步。

一·一·一三　愤怒的脚，将它踏得稀烂。

一・一・一四　沿街罗列小贩的叫喊声。

一・一・一五　我们知道一个身体不健全的人，极易受流行时疫的感冒。

一・一・一六　平常听见我说话，是很少见的。

一・一・一七　我虽然是工学院，但是是一年级。

“脚”可以是“麻木的”，但“脚步”不能；也许该说“滞重的脚步”。“脚”却不能是“愤怒的”；一・一・一三也许只能说“愤怒的用脚将它踏得稀烂”。“小贩”可以“罗列”，“叫喊声”不能。一・一・一四可以换上“充满”两个字，或者“沿街罗列”下加“的”字。一・一・一二和一・一・一四是将形容有形物的词移用到无形物上；一・一・一三是将形容有意志的人的词移用到他的无意志的脚上。“感冒”是自己“感冒”风寒，不是风寒“感冒”自己，“受感冒”不成语，这是将主动的词移用到被动语气里。但一・一・一五即使改成为主动语气，“感冒”还是用不上；该说“感染”或“传染”才成。可是改成这两个词，句子的语气倒又没关系了。一・一・一六，说“平常很少见我说话”或“平常听见我说话，是很少的”，都成；就是不能说“少见”“听见我说话”。这是将表示视觉的词移用到听觉上。一・一・一七，“一年级”是学生的集体名词，可以用来指个体；“工学院”只是普通名词，不能用来指个体的学生。这儿得加上“学生”两个字。但在说话里，“工学院”一类普通名词有时确可用作集体名词，指称个体的人。言文不能一致，这是一例。若是对话的记录，这句子是成立的。但当作白话文，这便是将普通名词移用为集体名词。这和上面各例都可以说是迁移词义的病。

一·一·一八　墨水的沉淀和铜锈早已经笼罩了笔尖上的外国文。

一·一·一九　深深的寒意笼罩了整个的宇宙。

一·一·一八，“笼罩”其实只是“遮没”“掩没”；说“笼罩”便有点儿夸张似的。一·一·一九，“宇宙”也是大而无当，其实只消“整个的城市”好了。这些可以说是词义浮夸的病。

一·一·二〇　我们自备汽车的速度由缓而停了。

一·一·二一　他把两手托在桌上。

“由缓而停”还是直接叙述汽车的好；“的速度”三个字可以省去。说速度“缓”，口头常有，不过用的是“慢”字；说“停”，却不大听见。速度可“大”可“小”，可“加”可

“减”，可“有”可“没有”；说它“缓”和“停”却都嫌不确切。它是抽象的观念，没有活动，无所谓“停”。“快”“慢”（缓）虽然用得上去，但不如“大”“小”确切。再有，说速度“缓”，字面上也不免矛盾；固然有些译名都免不了这种矛盾，如一个人的健康可以“好”，又可以“不好”之类，但能够避总是避掉的好。一·一·二一，“托”字不够清楚，可以说“他把两肘靠在桌上”，或改变句式说，“他托着两手，靠在桌上”。这些可以说是词义含糊的病。

一·一·二二　始终合不下眼

这该是“合不上眼”。我们总说“合上”，如“合上书”，不说“合下”。“上”“下”这类词有它们的用例。如“关上门”“搁下”“丢下他一个人”“放不下心”，“上”“下”都不能互易。这不是没有理由的。“合上眼”是将上眼皮合在下眼皮上；“合上书”是将这一半儿合在那一半儿上；“关上门”是在门上加上些东西——如门闩等。“搁下”“丢下”“放下”的“下”，都表示将事物安排在不消注意或不必注意的地方。忽略了这种习惯用法，可以说是不明词例的病。

一·一·二三　我应把它（笔）训练成一条不阿谀，不保守，不危难，而据（具）有百折不挠视死如归的一条战士。

一·一·二四　每一条友谊全是平平匀匀的。

一·一·二五　在一个风的怒号之下。

一·一·二六　黄莺儿有一张歌喉宛转的嘴。

“一条战士”从“一条好汉”变出，原也可用，但现在说“一个战士”“一位战士”，觉得更郑重些；“一条好汉”虽然含着多少尊敬，可也夹带着一份儿轻蔑——“好汉”像脱不了跑马卖解一类流浪人的味儿。“友谊”却不能论“条”数，这不是具体的事物。一·一·二四，也许可以说“各方面的友谊全是平平淡淡”。一·一·二五，“风”不能论“个”，“怒号”也不能，这都是不能数的。说“一阵”就成了。一·一·二六，“一张嘴”不错，但“一张”紧接着“歌喉宛转的”，有些人会将“一张歌喉”连读；不但截断文义，“歌喉”也只说“一副”“一串”，不说“一张”的。改为“歌声”，便不致误会了。这些可以说是滥用量词的病。

以上都是从词义着眼。

一·二·一　几个月的积闷愁绪。

一·二·二　英（国）兵身壮体伟。

一·二·三　杂乱沉重的雨点。

一·二·四　一个精邃多疑的青年。

一·二·五　一颗玲俐（珑）无瑕的珠子。

这五例里，都将两个同类的词或短语（前文称为“仂语”）联用，中间不加连词。这是文言的影响，也是成语的影响。文言中四个字的成语确是很多，如“匣剑帷灯”“天经地义”“灯红酒绿”“纸醉金迷”“缠绵悱恻”“悲壮苍凉”“荒唐谬悠”等等。白话里也有这些个。如“头晕眼花”“手忙脚乱”“大呼大叫”“乌烟瘴气”“一五一十”“气急败坏”等等。这里所引的成语都由两个短语或词联合而成，这些短语或词大都是同类的。这个暗示着一种普遍的语言格式；学生们造句，受着这种语式的影响，也是自然的。

但这种语式上下两部分往往是对偶的，或者利用双声叠韵的字音（如“缠绵”“荒唐”“谬悠”“败坏”）才能够使四字联成一语。不然，两部分间便得加上连词“与”字或“而”字。一·二·一的“愁绪”，若改为“闲愁”，和“积闷”对偶，便可联为一气，不像现在跛脚的样子；虽然文言的气味重些。若还留着“愁绪”，就得加连词；有人也许借用文言的“与”字，但是加上“和”“同”“跟”等词，更是白话些。“和”是北平话，是国语，用的最多。“跟”似乎是所谓官话区域的词，“同”似乎原是吴语区域的词；可是现在都通用。

这几个连词，大概用在名词短语的中间。

一·二·二若说是文言的句子也成，不过这一句是写在白话文里。“身壮体伟”虽然也是对偶，和“灯红酒绿”的构造差不多，可是“身”“体”两个词用得不合适。古文里“身”这个词多半指“自己”，有时候指具体的“躯干”；我们所谓“身体”，似乎是应用的文言，古文只说“体”或“体气”。固然，“体”有时也指身躯的部分，如“四体”“五体”；但不指躯干，只指部分。“身壮体伟”这一语，若是仿应用的文言作白话文句，可以说“身躯壮伟”；若是干脆用白话，只消说“英国兵个儿大”，就成。可是，如果一定要创造新语，将“身体”一词分开，作成“身壮”“体伟”两个意义相似的短语，那也未尝不可容许；但这两个短语之间，得加上连词“而”字。加上“而”字，那联合的短语就见得是新联合起来的；不至于自己矛盾，像成语又不像成语。

一·二·三“杂乱”“沉重”也可以说是对偶，但是既然和白话的助词“的”字联起，变成一个形容性短语“杂乱沉重的”，似乎不宜再套文言的格式。这儿“杂乱”下得加上“而”字，也可以加“的”字。一·二·四“精邃”大约是“精细”，和“多疑”并不对偶；中间更得加“而”字或“的”字。一·二·五“玲珑无瑕”，似乎套用“洁白无瑕”那成语的格式。但在那成语中，“无瑕”似乎是表示“洁白”的程度；

上下两部分贯穿成一语。“玲珑”和“无瑕”却是两回事，跟一·二·四同例，也得加“而”字或“的”字。

“而”字用在形容性的短语和句子样式的短语（如“身壮”“体伟”）之间，跟“和”字的效用不一样。“和”表示“并列”的关系；“而”表示“增加”的关系，有“又”的意思。“而”字还表示“转折”的关系，有“却”的意思，像一·二·四“精细而多疑的”便是。有些人表示这三种关系，都用“和”一个词；“和”字的任务太多，倒教人弄不清楚。“而”字虽是文言，我们口头上早就不时地用它；现在有意地取来作白话连词，在势也是很顺的。一·二·三“杂乱”下，一·二·四“精细”下若加上“的”字，语味又是不同。在每一句里，都是一个联合的形容性短语变成了两个独立的却叠用的形容词。这两个形容词之间的关系，只暗示在词义里。这样，分别指明两种属性，形式上虽然更清楚些，可是那“关系”往往容易被忽略过去。在这两例里，关系似乎比属性还要重点儿，我想还是加上“而”字强些。以上三例，概括地看，可以说是省略连词的病。

一·二·六　可是现在它（风翥街）变成了一条，繁华，操（嘈）杂，学生，文化交流的地方。

一·二·七　我们都应当想到一般平民的食品饮料和他们

的安眠处都是怎样的情形。

一·二·八　还受到一般社会人士们的批评认为这富有爱国精神而无畏的学生运动简直是胡闹。

一·二·九　我们现在所需要的是个清洁与滋养丰富的食堂。

一·二·一〇　中年人则是保守的，镇定的，妥协的，强于理智的，自私的。

一·二·六“繁华”“嘈杂”是形容词，“学生”“文化”是名词，一是具体的，一是抽象的。从词义和词性上看，这些并列在一起，真是不伦不类；这些又怎样能够“交流”呢？这句话也许可以说：“可是现在它变成了一条繁华而嘈杂的学生街和文化街”。一·二·七只消说“一般平民的食品、饮料和住屋”就好。按作者原意，并列的三项是平等的；第三项特别加上“他们的”一词，虽然只是来点儿花样，可是会教人误认作者是所侧重，倒不如整齐的好。一·二·八全句别扭。“富有爱国精神”和“无畏”都是句子样式的形容语，长短却相差很多。照我们诵读的节奏，长的放在短的后面顺口些。“无畏”其实只是“勇敢”的意思；我们可以说“这勇敢而富有爱国精神的学生运动”。但这里重在属性，怕还该叠用“的”字；不该说“勇敢而”，却该说“勇敢的”。

一·二·九“与”字不如“而”字。但食品可以“滋养丰富”，“食堂”不能。“我们需要的是一个清洁而能供给滋养料的食堂”。一·二·一〇并列的各项属性，不免有点儿杂乱。删去“镇定的”，将“强于理智的”排在最后，条理也许清楚些。那样，“保守的”到“自私的”便是递升的并列式；“强于理智的”虽还不免畸零，但比同列的别的词和短语都长，让它独自挂脚，也可勉强过去。综括以上五例，可以说是词序不整的病。

以上都是从词的并列着眼。

一·三·一　我同世（人名）舍了这里，踱上一条小径。

一·三·二　过一会儿妹妹要吃糖，我斥道，“这是给爹预备的。”

一·三·三　读书最宜于春日，盖春日的天气，不冷不热，比较平日要长些。

一·三·四　至于我们开膳的办法。

一·三·五　菜不够吃，而且饭亦时告中断。

一·三·六　我在下午温习功课告一段落的时候，乘兴兀自到翠湖公园闲逛。

一·三·七　哈哈！不要闲磕牙了。

一·三·一“舍”，一·三·二“斥”，一·三·三“盖”，都是文言里的词，现在白话文没有这么用的。看上去文绉绉、酸溜溜，和上下文不能打成一片，有些碍眼。“舍了”换成“离开”，“斥”换成“喝”，“盖”换成“因为”，就行了。一·三·五“时告中断”，也是文言的短语，情形相同；可以说“饭也有时太少”，或“饭也有时来不及”。一·三·四“开膳”，是白话“开饭”和文言“膳食”的混合短语，显得不自然，不如直说“开饭”痛快得多。一·三·六“兀自”，一·三·七“闲磕牙”，都是元曲里的方言。“兀自”似乎是“还是”“老是”的意思。一·三·六的作者却当作“独自”；不如便说“独自”好了。“闲磕牙”似乎是“闲撩”（“撩”又写作“聊”）的意思。一·三·七的作者却当作“瞎说”；不如就用“瞎说”好了。这种古白话，即使用得意思不错，也不合适，和掺用文言词语一样情形。这些是夹杂古语的病。

一·三·八　又以国家衰弱，及自己无力抵御欺（外）侮，空（平）白生出许多奇异幻想。

一·三·九　这以中年人说，他们是无进取的勇气。

一·三·一〇　以我们平凡的眼光看来，并没有什么特别的地方。

一·三·一一　给我们以美感。

一·三·一二　北平有许多值得人们回忆的特点，而以风给予人的印象最深。

一·三·一三　一个在以强力侵略为能事的帝国主义的压制下的弱国。

一·三·一四　青年人的处世接物是忠实的，坦白的，中年人的处世接物则以圆滑为原则。

"以"和"则"都是文言的连词，白话文用的却非常多；好像就没有别的相当的词语，非用这两个词不可的样子。其实也不尽然。这里一·三·八的"以"字，可改说"因为"，一·三·九可以说"就"，一·三·一〇可以说"拿"或"照"，一·三·一一和一·三·一二都可以删掉"以"字。一·三·一三按句义看，"以强力侵略为能事的"一语尽可删去；"以……为能事"这个熟语，白话文也用不着，但"以……为……"这句式用处很多，白话文里却没有相当的。如"本会以联络感情、交换知识为宗旨"原算文言，白话可也得这么说。若改成"本会的宗旨是联络感情、交换知识"，固然也明白，可就不够分量似的。一·三·一四"以圆滑为原则"，若改成"是圆滑的"，分量也不同。但这例里的"则"字，尽可以改"却"字。白话文的"则"字，似乎都可以换成"却"

字，或“就”字，或“那么”那个短语，并没有困难，作白话文的爱多用“以”和“则”这两个连词，只是懒。这可以说是因袭文言的病。

以上都是从沿用文言着眼。

一·四·一　他要训练大众，产造一个蓬勃的社会。

一·四·二　兴盛多闹的街啊！

一·四·三　一个丑貌的胖老妇。

一·四·四　七嫂子越长越丰肥了。

一·四·五　（风）一时从后面吹来，使你向前蹲上好几步。

一·四·六　因为我口才的不好，说话总被人认为趣材。

一·四·七　操着那急速而带有些气愤的步伐。

一·四·一“产造”，其实是“产生”或“创造”。一·四·二“多闹”，只是“热闹”。一·四·三“丑貌的”，其实是“丑的”或“丑陋的”；这句话也可以说，“丑而胖的老妇”。一·四·四“丰肥”，只是“胖”。一·四·五“蹲”，其实是“冲”（去声）。一·四·六“趣材”，其实是“打趣的材料”。一·四·一到一·四·四的作者，似乎都在有意避熟就生，创造新语。避熟和创新是好的；语言的生长，这是主要的力量。但得有必要才成。时代改变了，环境改变了，有些旧语不确切了，不适宜了，不够表现了，避熟创新是必要的。我们的时代显然是有这个必要的时代。但是像“产生”“创造”“热闹”“丑”“丑陋”“胖”这些词，都还活泼泼的，用不着替身；这几例里所换的新词，反倒见得不亲切。其中“丑貌的”一语，更是文言白话的生凑。一·四·五的作者，也许不知道“冲”（去声）这个词，一·四·六的作者也许不知道“打趣”这个短语，他们觉得有必要创造新语。但按一般的标准看，这些并不是必要的。一·四·七“操”，在文言里原有“使用”的意思，如“操舟”之类；引申为“操练”，就是“练习”。我们说“体操”“军操”，正用的这个意思。一·四·七是描写学生在阅览室里找不着空位子跑出去的情形。说“用着那急速而带有些气愤的步伐”，固然太松泛；说“走着那急速而带有气愤的步伐”，也还见不出那神气。只有“操着”，教我们联想到“体操”和“军操”，才能领会到那股劲儿。只在这种情势之下，避熟创新才是必要的。至于上面几例，都可以说是滥增新语的病。

一·四·八　散步可以说是我日常的功课，无论怎样忙，在饭后也要为它牺牲半个钟头。……它在富兰克林和爱迪生的养身秘诀（里）也占有很重要的地位。它不独在理论上是合法，而且实用起来，也的确够味。

一·四·九　它们（指道德和体格的修养）是需相当长久的时间。

一·四·一〇　和着恐怖奔腾澎湃呼呼的风声。

他称代词的“她”“它”（同“牠”），都是适应翻译的需要而新造的词。白话文受翻译文体的影响极大，也便通用了这两个词。但在我们口里，女性的他称本来也说“他”，现在只是在写下来时换了偏旁，改变很小，所以“她”字到处好用。“它”便不一样。我们口语里向来大都只说“这”“那”“这东西”“那东西”“这件事”“那件事”“这些”“那些”，惟有在“管他呢！”“听他去好了！”一类句子里，“他”有时是指一件事，一种情形，似乎相当于“它”字。但都是轻读，没有重读的，和“它”字毕竟不同。现在的白话文，渐渐接受了“它”这个词。可是只在用作单数来指有形和无形的“物体”时，看着顺眼；若用着复数，或用来指事件、情形、抽象观念，就似乎太生硬、太拗了母舌了。原来“它”和“他”“她”读音相同，跟西文三词异音的不一样；有点儿限制，也是当然的。一·四·八的“它”若改为“这件事”，一·四·九的“它们”若改为“这些”或“这件事”，便不致像现在这样的别扭了。一·四·一〇“和着”，照原作上看，并不是“应和”的意思，而是连词。那么，只是说“和”就够了。作者用“和着”，是想教“和”字带动词性，造一个新语。但尽可说“夹着”或别的，用不着这么办。这些可以说是强变词例的病。

以上都是从创用新词着眼。

1940 年 6、12 月，《国文月刊》第一、四期

（本文原为未完稿。——编者）

写作杂谈（二）

我是一个国文教师，我的国文教师生活的开始可以说也就是我的写作生活的开始。这就决定了我的作风，若是我也可说是有作风的话。我的写作大体上属于朴实清新一路。一方面自己的才力只能做到这地步，一方面也是国文教师的环境教我走这一路。我是个偏于理智的人，在大学里学的原是哲学。我的写作大部分是理智的活动，情感和想象的成分都不多。虽然幼年就爱好文学，也倾慕过《聊斋志异》和林译小说，但总不能深入文学里。开始写作的时候，自己知道对于小说没希望，尝试的很少。那时却爱写诗。不过自己的情感和想象都只是世俗的，一点儿也不能超群绝伦。我只是一个老实人。或一个乡下人，如有些人所说的。——外国文学的修养差，该也是一个缘故。可是我做到一件事，就是不放松文字。我的情感和想象虽然贫弱，却总尽力教文字将它们尽量表达，不留遗憾。我注意每个词的意义，每一句的安排和音节，每一段的长短和衔接处，想多少可以补救一些自己的贫弱的地方。已故的刘大白先生曾对人说我的小诗太费力，实在是确切的评语。但这正是一个国文教师的本来面目。

后来丢开诗，只写些散文；散文对于自己似乎比较合宜些，所以写得也多些。所谓散文便是英语里的“常谈”，原是对“正论”而言；一般人又称为小品文，好似对大品文而言，但没有大品文这名称。散文虽然也叙事、写景、发议论，却以抒情为主。这和诗有相通的地方，又不需要小说的谨严的结构，写起来似乎自由些。但在我还是费力。有时费力太过，反使人不容易懂。如《桨声灯影里的秦淮河》里有一处说到“无可无不可”，有“无论是升的沉的”一句话。升的“无可无不可”指《论语》里孔子的话，所谓“时中”的态度。沉的指一般人口头禅的“无可无不可”，只是“随便”“马虎”的意思。有许多人不懂这“升的沉的”。也许那句话太简了，因而就太晦了。可是太简固然容易晦，繁了却也腻人。我有一篇《扬州的夏日》（在《你我》里），篇末说那些在城外吃茶的人回城去，有些穿上长衫，有些只将长衫搭在胳膊上。一个朋友说穿上长衫是常情，用不着特别叙出。他的话有道理。但这并不由于我的疏忽；这是我才力短，不会选择。我的写作有时不免牵于事实，不能自由运用事实，这是一例。

我的《背影》《儿女》《给亡妇》三篇，注意的人也许多些。《背影》和《给亡妇》都不曾怎样费力写出。《背影》里引了父亲来信中一句话。那封信曾使我流泪不止。亡妇一生受了多少委屈，想起来总觉得对不起她。写《给亡妇》那篇是在一个晚上，中间还停笔挥泪一回。情感的痕迹太深刻了，虽然在情感平静的时候写作，还有些不由自主似的。当时只靠平日训练过的一支笔发挥下去，几乎用不上力量来。但是《儿女》，还有早年的《笑的历史》，却是费了力琢磨成的。就是《给亡妇》，一方面也是一个有意的尝试。那时我不赞成所谓欧化的语调，想试着避免那种语调。我想尽量用口语，向着言文一致的方向走。《给亡妇》用了对称的口气，一半便是为此。有一位爱好所谓欧化语调的朋友看出了这一层，预言我不能贯彻自己的主张。我也渐渐觉得口语不够用。我们的生活在欧化（我愿意称为现代化），我们的语言文字适应着，也在现代化，其实是自然的趋势。所以我又回到老调子。所谓老调子是受《点滴》等书和鲁迅先生的影响。当时写作的青年很少不受这种影响的。后来徐志摩先生，再后来梁宗岱先生、刘西渭先生等，直接受取外国文学的影响，算是异军突起，可是人很少。话说回来，上文说到的三篇文里，似乎只有《背影》是“情感的自然流露”，但也不尽然。《背影》里若是不会闹什么错儿，我想还是平日的训练的缘故。我不大信任“自然流露”，因为我究竟是个国文教师。

国文教师做久了，生活越来越狭窄，所谓“身边琐事”的散文，我慢慢儿也写不出了。恰好谢谢清华大学，让我休假上欧洲去了一年。回国后写成了《欧游杂记》和一些《伦敦杂记》。那时真是“身边琐事”的小品文已经腻了，而且有人攻击。我也觉得身边琐事确是没有多大意思，写作这些杂记时便专从客观方面着笔，尽力让自己站在文外。但是客观的描叙得有充分的、详确的知识作根据，才能有新的贡献。自己走马看花所见到的欧洲，加上游览指南里的一点儿记载，实在太贫乏了，所以写出来只是寒碜。不过客观的写作却渐渐成了我的唯一的出路。这时候散文进步了。何其芳先生的创作，卞之琳先生的翻译，写那些精细的情感，开辟了新境界。我常和朋友说笑，我的散文早过了时了。既没有创新的力量，我只得老老实实向客观的描叙的路走去。我读过瑞恰慈教授几部书，很合脾胃，增加了对于语文意义的趣味。从前曾写过几篇论说的短文，朋友们似乎都不大许可。这大概是经验和知识还不够的缘故。但是自己总不甘心，还想尝试一下。于是动手写《语文影》。第一篇登在《中央日报》昆明版的《平明》上，闹了点错儿，挨了一场骂。可是我还是写下去。更想写一些论世情的短文，叫作《世情书》。试了一篇，觉得力量还差得多，简直不能自圆其说似的，只得暂且搁下。我是想写些“正论”或“大品文”，但是小品文的玩世的幽默趣味害我“正”不住我的笔，也得再修养几年。十六年前曾写过一篇《正义》(见《我们的七月》)，虽然幼稚，倒还像“正义”，可惜没有继续训练下去。现在大约只能先试些《语文影》。这和《世情书》都以客观的分析为主，而客观的分析语文意义，在国文教师的我该会合宜些。

我的写作的经验有两点也许可以奉献给青年的写作者。一是不放松文字，注意到每一词句，我觉得无论大小，都该从这里入手。控制文字是一种愉快，也是一种本领。据说陀斯妥也夫斯基很不讲究文字，却也成为大小说家。但是他若讲究文字，岂不更美？再说像陀斯妥也夫斯基那样大才力，古今中外又有多少人？为一般写作者打算，还是不放松文字的好。现在写作的青年似乎不大在乎文字。无论他们的理由怎样好听，吃亏的恐怕还是他们自己，不是别人。二是不一定创作，“五四”以来，写作的青年似乎都将创作当作唯一的出路。不管才力如何，他们都写诗，写散文，写小说戏剧。这中间必有多数人白费了气力，闹得连普通的白话文也写不好。这也是时代如此，当时白话文只用来写论文，写文学作品，应用的范围比较窄。论文需要特殊的知识和经验，青年人办不了，自然便拥挤到创作的路上。这几年白话文应用的范围慢慢儿广起来了，报纸上可以见出。“写作”这个词代替了“创作”流行着，正显示这个趋势。写作的青年能够创作固然很好，不能创作，便该赶紧另找出路。现在已经能够看到的最大的出路，便是新闻的写作。新闻事业前途未可限量，一定需要很多的人手。现在已经有青年记者协会，足见写作的青年已找出这条路。从社会福利上看，新闻的写作价值决不在文艺的写作之下，只要是认真写作的话。

1943 年 9 月，《文艺写作经验谈》，天地出版社印行

关于写作答问

一、写作趣味的由来

读《聊斋志异》和林译小说都曾给我影响。家庭问题是我早年写作的主要题材。我的天性又自幼就爱好写作。

二、写作年龄的开始

中学时代曾写过一篇《聊斋志异》式的山大王的故事，辞藻和组织大约还模仿林译小说，得八千字。写成寄于《小说月报》被退回。稿子早已失去。那时还集合了些朋友在扬州办了一个《小说日报》，都是文言，有光纸油印，只出了三天就停了。自己在上面写过一篇《龙钟人语》，大概是个侠客的故事，父亲讲给我听的。

大学时代受了《新青年》的启示，开始学习白话文写作。

但写得很少。记得曾仿效《新青年》和《新潮》上的新诗写过一首，中间引了“逝者如斯夫！不舍昼夜”，别的却忘了。诗旨大概是人生的慨叹。大学毕业，做了国文教师，那时二十一岁。有一回寄了两首新诗给《小说月报》，主编给我登出，并来信鼓励，不久又发表了我的名字在特约撰稿人里。这些鼓励影响我极大，我后来的写作可以说都是从这儿来的。我很感谢该刊的主编。那时多写诗，也写了几篇小说样的东西，散文的写作略晚些。

三、写作的生活叙述

写作时间，我爱晚间，晚上事情完毕，写作可以定心些。

写作时间抽烟，比平常多些。早年没有学会抽烟，每回停笔思索，便用笔尖在纸上尽蘸。一个朋友看了那些笔尖痕，替我着急。

四、写作速率和作品修删

我写作很慢，平均每天只能写两千字，每次写作的持久力只有两小时左右。我早年写作，都先起草，如《笑的历史》《桨声灯影里的秦淮河》都是逐节起草的。后来觉得起草太费工夫，做作气也重，便直写下去。因为得随时斟酌字句，所以写得很慢。既然随时斟酌，完篇后改动便少。但是我若能将稿件留两三天再看一回，往往也还有修删的地方。我觉得稿成后隔两三天复审一回是很有益处的。

五、写作上的困难之点

早年作诗，因为自己想象力薄弱，常感到观念的推拓的困难。

写作散文，很注意文字的修饰。语句的层次和词义、句式，我都用心较量，特别是句式。《欧游杂记》序里曾提到我怎样变换句式。

六、写作完成的感觉

作品完成，了一桩事，总有些如释重负的愉快，却不一定是“胜利”的感觉。失败的感觉也有过。往年给《今日评论》写了一篇散文，一个朋友看了说不成，我将那篇稿毁了。

七、《欧游杂记》发表后的感觉

《欧游杂记》里懊悔的地方很多，因为有些话，关于绘画的，太外行了。《滂卑故城》那篇，我也很想删去。

八、作品落选后的感觉

奋勉二字而已。

九、对别人批评的观感

朋友的零星的批评对我很有益。别人的批评说到我的很少。有些概括的判断虽然确当，却不能使我改进，因为我的才力只能如此这般。

论教本与写作

叶圣陶先生在《对于国文教学的两种基本观念》（四川省教育厅《中等教育季刊》创刊号）里说：

其实国文所包的范围很宽广，文学只是其中一个较小的范围。文学之外，同样被包在国文的大范围里头的，还有非文学的文字，就是普通文字。这包括书信、宣言、报告书、说明书等等的应用文，以及平正地写状一件东西、载录一件事情的记叙文，条畅地阐明一个原理、发挥一个意见的论说文。中学生要应付生活，阅读与写作的训练，就不能不在文学之外同时以这种普通文为对象。

这是对于现阶段的国文教学的最切要的意见，值得大家详细讨论。本篇想就叶先生的话加以引申，特别着重在写作的训练上。

这得从阅读说起。现在许多中学生乃至大学生对于国文教学有一种共同的不满意，就是教材和作文好像是不相关联的，在各走各的路。他们可只觉得文言教材如此。爱作白话文的，觉得文言文不能帮助他们的写作，原在意中。就是愿意学些应用的文言的，也觉得教材的文言五花八门的，样样有一点儿，样样也只有一点儿，没法依据。一般中学生对于教材的白话文，兴趣似乎好些。第一，容易懂，第二，可以学。他们的爱好却偏重在文学，就是教材的白话记叙文（包括描写文）、抒情文的部分。欣赏文学和写作文学似乎是一种骄傲，即使不足夸耀于人，也可以教自己满意。至于说明文和议论文，他们觉得干燥无味，多半忽略过去。再有，白话说明文和议论文适于选作教材的也不多；现在所选的往往只是凑数。这大概也是引不起学生兴趣的一个原因。

文言的教材，目的不外两个：一是给学生做写作的榜样或范本，二是使学生了解本国固有文化。这后一种也可以叫作古典的训练。我主张现在中等学校里已经无须教学生练习文言的写作，但古典的训练却是必要的。不过在现行课程标准未变更以前，中学生还得练习文言的写作。要练习文言的写作，一面得按浦江清先生的提议，初中时代从单句起手（参看附录）；一面文言教材也当着重在榜样或范本上，将古典的训练放在其次，不该像现在这样五花八门的，不该像现在这样只顾课程标准的表面，将那些深的僻的文字都选进去。浦先生还主张将白话文和文言文分为两个课程，各有教本，各有教师。这个我也赞成。我赞成，为的这样办可以教人容易明白文言是另一种语言，而且是快死的语言。不管我的意见如何，这办法训练学生写作文言，不致像现在这样毫无效果，白费教学者的工夫，是无疑的。而施行起来，只须注意教师的分配，并不要增加教师的员额，似乎也没有多少困难。——无论怎样，文言教材总得简单化，文字要经济，条理要清楚；除诗歌专为培养文学的兴趣应该另论外，初高中都该选这种文言作教材，决不能样样都来一点儿。这样才容易学习，学会了才可以应用。

浦先生主张将《古文观止》作为高中的文言教本，是很有道理的。清末民初的家庭里训练子弟写作文言，就还用《古文观止》或同性质的古文选本作教本。这些子弟同时也读《四书》《五经》，那却纯然是古典的训练。他们读了《古文观止》，多数可以写通文言，拿来应用。一方面固然因为他们花的工夫多，教本的关系似乎也很大。不过《古文观止》现在却不大适用了，或者说不大够用了。清末民初一般应用的文言还跟《古文观止》的主要部分——唐至明，所选的文一贯的是唐宋八家的作风——差不很多。那时报纸杂志上的文字都还打起调子，可以为证。现在可不然。杂志上文言极少见，报纸虽还多用文言，但已不大用之乎者也矣焉哉等虚字来表情，也就是不打起调子了。这从各报的文言的社论中最可见出。现在报纸上一般文言实在已经变得跟白话差不多，因为记录现代的生活，不由得要用许多新的词汇和新的表现方式；白话也还是用的这些词汇和表现方式。这种情形从一方面看，也许可称为文言的白话化。在这种情形下，用《古文观止》做应用的文言的范本，显然是不大够的。

但是《古文观止》还不失为一部可采用或依据的教本，因为现在应用的文言的基本句式还是出于唐宋八家文的多。我想再加两部书补充《古文观止》的不足：一是梁启超先生的《常识文范》（中华版），二是《蔡孑民先生言行录》（新潮社版）。这两部书里所收的都是清末和民初的杂志文字。梁先生的文字比较早些，典故多些，句式也杂些，得仔细选录。蔡先生的，简明朴素，跟现行的应用的文言差不多，初中里就可以用。这部书已经绝版，值得重印。浦先生也主张"选晚清到民国的文言文"，作为另外一种读本，给学生略读。我专举这两部书，是觉得就清末民初的文言文而论，也许这两部书里适宜于中学生的教材多些。此外自然也可以选录别的。这两部书里大部分是议论文，小部分是说明文。曾国藩说古文不宜说理；古文里的说明文和议论文有不确切的毛病。这两部书的说理比古文强得多。这也是我推荐的一个原因。

还有，叶先生所说的书信、宣言、报告书、说明文等等“普通文”，也该酌量选录。这些一向称为应用文，所谓“应用”是狭义的。我觉得无须另立应用文的名目。另立名目容易使学生误会，这些应用文之外，别的文都是不能应用的，因此不免忽略。而他们对于这些应用文也未必有兴趣，为的还用不着。再说教本里选一些这种应用文，只是示范，真用的时候还得去查专书。所以我觉得不如伙在别的教材一起，而使全部的文言教材主要的目的都为了应用——这里所谓应用是广义的。清末民初的文言跟这些，都该有一部分列在精读教材里，和古文占同等地位。因为从训练写作一方面看，这两种教材比古文还更切用些。至于全部文言教材如何按照课程标准斟酌变通的去分配去安排，问题很多，本篇不能讨论。

白话文教材好像容易办些。古白话文不多，现代白话文历史很短，选材的问题自然简单些。不过白话文的发展还偏在文学一面，应用的白话文进步得很缓。记叙文（包括描写文）、抒情文，选起来还容易，说明文、议论文，就困难，经济而条理密的少，内容也往往嫌广嫌深，不适于中学生。现在教本里所选的有许多只是凑数。就是记叙文，也因篇幅关系只能选短些的，不无迁就的时候。至于其他应用的白话文，如书信等等，似乎刚在发展，还没有什么表现，自然更难选录。因此白话文教材主要的只是文学作品。而现代文学还在开创时期，成名比较容易，青年人多半想尝一下。于是乎一般中学生的写作不约而同地走上创作的路。他们所爱读的也只是文学教材，就是记叙文和抒情文。但是二十多年来成功的固然有，失败的却是大多数。其中写不通白话文的姑不必论，有些写通了的也不能分辨文章的体裁，到处滥用文学的调子。叶先生文里说他“曾经接到过几个学生的白话信，景物的描绘与心情的抒写全像小说，却与写信的目的全不相干”。这种信只是些浮而不实的费话；滥用文学的调子只是费话而已。可是，如上文所说，这种情形不能全由学生负责，白话文的发展，所谓客观条件，也有决定的力量。

欣赏文学的兴趣和能力自然是该培养的。但是到处滥用文学的调子并不能算欣赏文学。这种兴趣是不正确的。这些学生既然不大能辨别文学和非文学的界限，他们的欣赏能力也就靠不住。欣赏得从辨别入手，辨别词义、句式、条理、体裁，都是基本。囫囵吞枣的欣赏只是糊涂的爱好，没有什么益处。真能欣赏的人不一定要自己会创作；从现在分工的时代看，欣赏和创作尽不妨是两回事儿。施蛰存先生在《爱好文学》一文（二十八年五月十八日《中央日报》昆明版）里说：“我们欢迎多数青年人爱好文学而不欢迎多数爱好文学的青年大家都动手写作（即创作）。爱好文学是表示他对于文学有感情，但要成为一个好的创作家，仅仅靠这一点点感情是不够的。”这是很确切的话。不过欣赏文学的结果，自己的写作受些影响，带些文学的趣味，却是不难的，也是很好的，虽然不是必要的。我们可以引用梁启超先生的话，说这是“笔锋常带情感”。但是不带或少带情感的笔锋只要用得经济、有条理，也可以完成写作的大部分的使命。

不过有“创作”做目标，学生对于写作的兴趣好得多；他们觉得写作是有所为的，不止是机械的练习。固然，写作是基本的训练，是生活技术的训练——说是做人的训练也无不可。可是只这个广泛的目标是不能引起学生注意的。清末民初的家庭里注重子弟的写作，还是科举的影响。父兄希望子弟能文，可以做官。子弟或者不赞成做官这目标，或者糊里糊涂，莫名其妙，但在父兄的严切的督促之下，都只跟着走。这时期写作训练是有切近的目标的。早期的中学校章程里似乎没有课程标准。那时一般人对于国文课程的看法，一半恐怕还是科举的，一半或少数也许看作做人的训练的一部分。后来教育部定出了课程标准，国文课程的目标有一条是，“养成用语体文及语言（初中）以及文言文（高中）叙事、说理、表情、达意之技能”。这是写作的目标。课程标准里自然只能定到这个地步，但对于一般中学生，这里所定的还嫌广泛些。早期一般中学生的练习写作，是没有切近的目标的；他们既鄙弃科举的观念，也不明白做人的训练的意念。他们练习写作只是应付校章；这中间自然不少只图敷衍塞责的。但那时学校的一般管理还严，学生按时练习写作的究竟还是多数。五四运动以后，一般学校的管理比较松懈起来，有些国文教师，以及许多学生，对于写作练习都有偷懒的情形，往往有一学期只作文一两次的。有时教师连这一两回作文都不改，只悄悄地没收，让它们散失了去。可是另一面也有许多学生自己找着了写作的目标，就是创作，高兴地写下去；或按教师规定的期限，或只管自己写下去。一般的说，这二十年来中学生的白话文——特别是记叙文、抒情文方面——确有不小的进步，虽然实际上进步的还只是少数人。他们是找着了创作这个切近的目标，鼓起兴趣，有所为地写作，才能如此。

训练学生写作而不给他们指示一个切近的目标，他们往往不知道是为了给谁读的。当然，他们知道写了是要给教师读的；实际也许只有教师读，或再加上一些同学和自己的父兄。但如果每回写作真都是为了这几个人，那么写作确是没有多大趣味。学生中大约不少真会这样想，于是乎不免敷衍校章、潦草塞责的弊病，可是学生写作的实际的读者虽然常只是这几个人，假想的读者却可以很多。写作练习大部分是拿假想的读者作对象，并非拿实际的读者作对象。只有在“暑假回家写给教师的信”“给父亲的信”“给张同学的信”一类题目里，这些实际的读者同时成为假想的读者。假想的读者除了父兄、教师、亲近的同学或朋友外，还有全体同学、全体中学生、一般青年人、本地人士、各社团、政府、政府领袖、一般社会，以及其他没数到的。

写作练习是为了应用，其实就是为了应用于这种种假想的读者。写作练习可以没有教师，可不能没有假想的读者。一向的写作练习都有假想的读者。清末民初的家庭教子弟写作古文，假想的读者是一般的社会和考试官。中学生练习写作，假想的读者通常是全体同学或一般社会。如“星期日远足记”之类，便大概是假定给全体同学读的。可是一般的师生都忽略了假想的读者这个意念。学生写作，不意识到假想的读者，往往不去辨别各种体裁，只马马虎虎写下去。等到实际应用，自然便不合适。拿创作做写作目标，假想的读者是一般社会。但是只知道一种假想的读者而不知道此外的种种，还是不能有辨别力。上文引的叶先生所说的学生的信便是一例。不过知道有假想的读者的存在，总比马马虎虎不知到底写给谁读的好些。

我觉得现在中学生的写作训练该拿报纸上和一般杂志上的文字作切近的目标，特别是报纸上的文字。报纸上的文字不但指报纸本身的新闻和评论，并包括报纸上登载的一切文件——连广告在内——而言。这有三种好处。第一，切用，而且有发展；第二，应用的文字差不多各体都有；第三，容易意识到各种文字的各种读者。而且文言文和白话文的写作都可以用这个目标——近些年报纸上种种特写和评论用白话文的已经不少。因为报纸上登载着各方面的文件，对象或宽或窄，各有不同，口气和体裁也不一样，学生常常比较着看，便容易见出读者和文字的关系是很大的，他们写作时也便渐渐会留心他们的假想的读者。报纸和杂志上却少私人书信一体，这可以补充在教材里。报纸上和杂志上的文字的切用，是无须说明的。至于有发展，是就新闻事业看。新闻事业的发展是不可限量的。从事于新闻或评论的写作，或起草应用的文件登在报纸或杂志上，也是一种骄傲，值得夸耀并不在创作以下。现在已经有少数的例子，长江先生是最知名的。这不能单靠文字，但文字是基本的工具。这种目标可以替代创作的目标，它一样可以鼓起学生的兴趣，教他们觉得写作是有所为的而努力做去。

也许有人觉得“取法乎上，仅得乎中”，报纸和一般杂志上的文字往往粗率浮夸，拿来作目标，恐怕中学生写作会有“每况愈下”之势。这未免是过虑。报纸和杂志上的文字，粗率浮夸固然是不免的，但文学作品里也未必没有这种地方。且举英文为例，浮勒尔兄弟（Fowler）合著的《英文正宗》（The King’s English）里便举出了许多名家的粗率浮夸的句子，这是一。报纸杂志上也有谨慎亲切的文字，这是二。近些年报纸进步，有一些已经注意它们的文字，这是三。学生“取法乎上”，尽可以多读那些公认的好报纸好杂志。在这些报纸杂志里，他们由于阅读的经验，也会辨别那些文字是粗率浮夸的，那些不是的。

况且报纸杂志只是课外读物。我只说拿报纸杂志上的文字作目标，并没有说用它们为教材；教材固然也可以从报纸和一般杂志上选一些，可是主要的并不从它们选出。文言教材，上文已详论。我所推荐的梁、蔡两位先生的书原来倒差不多都是杂志上的文字。不过他们写作的训练有深厚的基础，即使有毛病，也很少。白话文教材，下节还要申论。我不主张多选报纸和一般杂志上的文字作教材，主要的原因是这些文字大部分有时间性，时过境迁便无意味。再有，教材不单是写作的榜样或范本，还得教学生了解本国固有文化和养成欣赏文学的兴趣，报纸和一般杂志上的文字差不多都是有时间性的，自然不能有这两种效用。但是这些文字用来做学生写作的目标，却是亲切有效的。学生大概都读报纸杂志。让他们明白这些里面的文字便是他们写作的目标，他们会高兴的一面运用教材所给予他们的训练，一面参照自己阅读报纸杂志的经验，努力学习。这些学生将来还能加速报纸和杂志上的文字的进步。

报纸杂志上说明文和议论文很多，也可以多少矫正现阶段国文教学偏枯的毛病。课程标准里定的说明文和议论文的数量不算太少，但适当的教材不容易得着。文言的往往太肤廓，或太琐碎。白话文更难，既少，又深而长；教材里所选的白话文说明文和议论文多半是凑数的。学生因为只注意创作，从教材里读到的说明文和议论文又很少合他们的脾胃或程度的，也就不愿意练习这两体的写作。有些学生到了大学一年级，白话记叙文可以写通，这两体却还凌乱庞杂，不成样子；文言文也是记叙体可看些。若指出报纸和一般杂志上的文字是他们写作的目标，他们也许多注意报纸杂志上说明文和议论文而渐渐引起兴趣。那些文字都用现代生活作题材，学生总该觉得熟悉些、亲切些；即使不能完全了解，总不至于摸不着头脑。一面在写作练习里就他们所最熟悉的生活当中选出些说明文和议论文的题目，让他们能够有话说，能够发挥自己的意见，形成自己的判断，不至于苦掉笔头。

中学生并不是没有说明和议论的能力，只看他们演说便可知道。中学生能演说的似乎不少，可是能写作说明文和议论文的确很少。演说的题目虽大，听者却常是未受教育或少受教育的民众，至多是同等的中学生，说起来自然容易些。写作说明文或议论文，不知不觉间总拿一般社会做假定的读者，这自然不是中学生的力量所能及。所以要教学生练习这两体的写作，只能给他们一些熟悉的小题目，指明中学生是假想的读者，或者给一些时事题目，让他们拟演说辞或壁报文字，假想的读者是一般民众，至多是同等的中学生。这才可以引他们入胜。说起壁报，那倒是鼓励学生写作的一个好法子。因为只指出假想的读者的存在，而实际的读者老是那几个人，好像支票不能兑现，也还是不大成。总得多来些实际的读者才好。从前我教中学国文，有时选些学生的文课张贴在教室墙壁上，似乎很能引起全班的注意，他们都去读一下。壁报的办法自然更有效力，门类多，回数多。写作者有了较广大的实际的读者群，阅读者也可以时常观摩。一面又可以使一般学生对于拿报纸上和一般杂志上文字做写作的目标有更亲切的印象。这是一个值得采取的写作设计。

不过，教材里的白话说明文和议论文，也得补救一下。这就牵涉到白话文的发展。白话讽刺文和日常琐论——小品文的一型——都已有相当的发展，这些原也是议论文和说明文的支派，但是不适于正式应用。青年人学习这些体的倒不少，聪明的还透露一些机智，平常的不免委琐叫嚣。这些体也未尝不可学，但只知有这些，就太偏太窄了。适于应用的还是正式的论。我们读英文，读本里常见培根《论读者》，牛曼《君子人》

等短论。这些或说明、或议论，虽短，却也是正式的论文。这一体白话文里似乎还少，值得发展起来。这种短论最宜于作教材。我们现在不妨暂时借材异国，将这种短论译出些来用。马尔腾的《励志哲学》也是这一类，可惜译笔生硬，不能作范本。查斯特罗的《日常心理漫谈》译本（生活版），性质虽然略异，但文字经济、清楚，又有趣味，高中可以选用。《爱的教育》译本（开明版）里有些短篇说明和议论，也可节取。此外，长篇的创作译作以及别的书里，只要有可节取的适宜的材料，都不妨节取。不过这得费一番搜索的工夫。冯友兰先生的《新世训》（开明版）指示生活的方法，可以作一般人的南针；他分析词义的精密，建立理论的谨严，论坛中极少见。他的文字虽不是纯粹白话文，但不失为上选的说明文和议论文。高中学生一面该将这部书作为课外读物，一面也该节取些收在教材里。

其实别的教材也该参用节取的办法，去求得适当的入选文字。即如小说，现在似乎只是旧小说才节取。新的便只选整个的短篇小说，而且还只能选那些篇幅短的。篇幅长的和长篇小说里可取的部分只得割爱。入选的那些篇幅虽短，却也未必尽合适；往往只是为了篇幅短将就用着。整篇的文字当然是主要的，但节取的文字尽可以比现在的教材里多参用些。节取的范围宽，得多费工作；还得费心思，使节取的部分自成一个相当完整的结构。文学作品里节取出来的不一定还是文学，也许只是应用的文字。但现在缺乏的正是应用的白话文，能多节取些倒是很合用的。

至于白话的私人书信，确是很少。将来倒是一定会普遍的。教材里似乎也只能暂时借用译文。译文有两种：一是译古为今，一是译外为中。书信是最亲切的文体，单是译外为中恐怕不足，所以加译古为今一项。当然要选那些可能译的译，而且得好译手。例如苏轼《黄州与秦太虚书》一类，就可以一试。《曾国藩家书》似乎也可选译一些。这些书信都近于白话，译起来自然些。这种翻译为的是建立白话书信的体裁，并不是因为原文难懂，选那些近于白话的，倒许可以见功些。英文《蔡公家书》，有文言译本，题为《蔡公家训》（商务本）；译文明白，但不亲切自然。这部家书值得用白话重译一回；白话译也许可以贴切些。若是译笔好，那里面可选的教材很多。——朱光潜先生有《给青年的十二封信》（开明版），讨论种种问题，是一部很适于青年的书。其中文字选入教本的已经不少。这部书兼有书信和说明文议论文的成分，跟《蔡公家书》是同类的。

论朗读

在语文的教学上，在文艺的发展上，朗读都占着重要的位置。从前私塾里教书，老师照例范读，学生循声朗诵。早年学校里教古文，也还是如此。“五四”以来，中等以上的国文教学不兴这一套；但小学里教国语还用着老法子。一方面白话文学的成立重新使人感到朗读的重要，可是大家都不知道白话文应该怎样朗读才好。私人在这方面做试验的，民国十五年左右就有了。民国二十年以后，朗读会也常有了，朗读广播也有了。抗战以来，朗读成为文艺宣传的重要方法，自然更见流行了。

朗读人多称为“朗诵”，从前有“高声朗诵”的成语，现在有“朗诵诗”的通名。但“诵”本是背诵文辞的意思，和

"抽绎义蕴"的"读"不一样；虽然这两个词也可以通用。"高声朗诵"正指背诵或准备背诵而言，倒是名副其实。白话诗文的朗诵，特别注重"义蕴"方面，而腔调也和背诵不同。这该称为"朗读"合适些。再从语文教学方向看，有"默读"，是和"朗读"相对的词；又有"精读""泛读"，都着眼在意义或"义蕴"上。这些是一套；若单出"朗诵"，倒觉得不大顺溜似的。最有关系的还是"诵"的腔调。所谓"诵"的腔调便是私塾儿童读启蒙书的腔调，也便是现在小学生读国语教科书的腔调；这决不是我们所谓"读"的腔调——如恭读《总理遗嘱》的腔调。我们现在已经知道，白话文宜用"读"的腔调"诵"是不合适的。所以称"朗诵"不如称"朗读"的好。

黄仲苏先生在《朗诵法》（二十五年，开明）里分"朗诵腔调"为四大类：

一曰诵读　诵谓读之而有音节者，宜用于读散文，如《四书》、诸子、《左传》、《四史》以及专家文集中之议、论、说、辩、序、跋、传记、表奏、书札等等。

二曰吟读　吟，呻也，哦也。宜用于读绝诗、律诗、词曲及其他短篇抒情韵文如诔、歌之类。

三曰咏读　咏者，歌也，与咏通，亦作永。宜用于读长篇韵文，如骈赋、古体诗之类。

四曰讲读 讲者，说也，谈也。说乃说话之“说”，谈则谓对话。宜用于读语体文。（以上节录原书一二六至一二八面）

这四分法黄先生说是“审辨文体，并依据《说文》字义及个人经验”（一二六面）定的。按作者所知道的实际情形和个人经验，吟读和咏读可以并为一类，叫作“吟”；讲读该再分为“读”和“说”两类；诵读照旧，只叫作“诵”。下面参照黄先生原定的次序逐项说明。

《周礼》“大司乐以乐语教国子：兴、道、讽、诵、言、语”。郑玄注，“倍文曰讽，以声节之曰诵”。段玉裁道，“倍同背，谓不开读也；诵则非直背文，又为吟咏以声节之”（《说文解字》言部注）。古代的诵是有腔调的，由此可见。腔调虽不可知，但“长言”或“永言”——就是延长字音——的部分，大概总是有的。《学记》里道，“今之教者，呻其占毕”，“呻”是“吟诵”，是“长咏”（注疏），可以参证。至于近代私塾儿童诵读《百家姓》《千字文》《龙文鞭影》以及《四书》等的腔调，大致两字一拍，每一停顿处字音稍稍延长，恐怕已经是佛教徒“转读”经文的影响，不尽是本国的传统了。吟的腔调也是印度影响，却比诵复杂得多。诵宜于短的句读，作用是便于上口，便于记，便于背；只是“平铺直叙，琅琅诵之”（《朗诵法》一二六面），并没有多少抑扬顿挫。黄先生所举的书，似乎只《四书》还宜于诵；诸子以下句读长，虽也可以诵，却得加些变化，参入吟腔才成。朗读这些书，该算是在吟诵之间。

至于小学国语教科书，无论里面的“国语”离标准语近些远些，总之是“语”，便于上口。文宜吟诵，因为本不是自然的；语只宜读或说；吟诵反失自然，使学生只记辞句，忽略意义。这是教学上一个大损失。现行小学国语教科书有的韵语太多，似乎有意使儿童去“诵”，作者极不以为然。在原编辑人的意思，大概以为韵语便于记忆些，一方面白话诗可选的少，适于小学生程度的更少。韵语便于记忆是事实，可是那种浮滑而不自然的韵语给儿童不好的榜样，损害他们健全的语感，代价未免太大。倒是幸而他们只随口诵读过去，不仔细去体味；不然，真个拿那种韵语做说话和写作的榜样，说出来写出来的恐怕都有点儿不像话。儿童需要诗歌很迫切，也是事实。但白话诗合用的其实不少见。一般编辑人先就看不起白话诗，不去读，也不肯去翻那些诗集，这怨谁。再说歌谣也是可选的，那些编辑人也懒得找去。他们只会自作聪明地编出些非驴非马的韵语！作者以为此后国语教科书里不妨多选些诗歌：白话诗，歌谣，近于白话的旧诗词曲。白话诗只要“读”，旧诗词曲要吟或吟诵，歌谣要说或吟唱。白话文也只要读，白话只要说。这些下文还要论及。——单纯的诵腔帮助很少，作者以为可以不用。

还有一种诵腔，值得提一下。最早提倡读诗会的是已故的朱湘先生，那是民国十五年。他的读诗会只开过一回或者没有开成，作者已经记不起；但作者曾听过他朗读他的《采莲曲》。那是诵，用的是旧戏里的一种“韵白”。他自己说是试验。《采莲曲》本近于歌，似乎是词和小调的混合物，腔调是很轻快的。“韵白”虽然也轻快，可是渗透一种滑稽味，明明和《采莲曲》不能打成一片，所以听起来总不顺耳似的。这种近歌的诗在白话诗里极少，几乎可以算是例外。应该怎样朗读，很不容易定；也许可用吟腔试试。不过像“韵白”这类腔调，如果做滑稽诗或无意义的诗，也可以利用。这类诗其实也是需要的。

吟特别注重音调节奏，最见出佛经“转读”的影响（参看胡适《白话文学史》上卷二〇五至二一五面）。黄先生说：“所谓吟者，……声韵应叶，音节和谐。吟哦之际，行腔使调，至为舒缓，其抑扬顿挫之间，极尽委婉旋绕之能事。……盖吟读专以表达神韵为要。”又说：“吟读……行腔使调，较咏读为速，而比之诵读则稍缓”（《朗诵法》一二六至一二七面）。这里指出的“吟读”“诵读”的分别，确是有的；不过作者认为后者只是吟腔的变化，或者吟诵相杂，所谓吟诵之间，不必另立一类。赵元任先生在《新诗歌集》（商务版）里说过，吟律诗吟词，各地的腔调相近，吟古诗吟文就相差得多。大概律诗和词平仄谐畅，朗读起来，可以按二字一拍一字半拍停顿，每顿又都可以延长字音，每拍每顿听上去都很亭匀的，所以各地差不多。古诗和文，平仄没有定律，就没有这样的客观的一致了。而散文变化更多。唐擘黄先生曾在《散文节拍粗测》(《国故新探》，商务）里记出他朗读韩愈《送董邵南序》和苏洵《乐论》各一段的节拍。前者是二字一顿或一字一顿，如“燕赵古称多慷慨悲歌之士”便有六拍；后者大不相同，如“雨，吾见其所以湿万物也”便只两拍。唐先生说：“每秒时中所念的平均字数之多少随文势之缓急而变。如上示两例，《乐论》比《送董序》每秒平均字数多一倍（前者每秒平均二·四字，后者一·二字）；而它的文势也比《送董序》急得多。文势的缓急是关乎文中所表的情境。”——散文有时得吟，有时得吟诵；黄先生以为诸子专集等等和《四书》同宜于诵，而将吟限于绝律诗、词曲等，似乎不合于实际情形。

“五四”以来，人们喜欢用“摇头摆尾的”去形容那些迷恋古文的人。摇头摆尾正是吟文的丑态，虽然吟文并不必需摇头摆尾。从此青年国文教师都不敢在教室里吟诵古文，怕人笑话，怕人笑话他落伍。学生自然也就有了成见。有一回清华大学举行诵读会，有吟古文的节目，会后一个高才生表示这节目无意义，他不感觉兴趣。那时是民国二十几年了，距离

“五四”已经十几年了。学校里废了吟这么多年，即使是大学高才生，有了这样成见，也不足怪的。但这也是教学上一个大损失。古文和旧诗、词等都不是自然的语言，非看不能知道它们的意义，非吟不能体会它们的口气——不像白话诗文有时只听人家读或说就能了解欣赏，用不着看。吟好像电影里的“慢镜头”，将那些不自然的语言的口气慢慢显示出来，让人们好捉摸着。桐城派的因声求气说该就是这个意思。钱基博先生给《朗诵法》作序，论因声求气法最详尽，值得参考。他引姚鼐的话：“大抵学古文者，必要放声疾读，只久之自悟；若但能默看，即终身作外行也。”（见《尺牍》《与陈硕士》）又引曾国藩的话：“如《四书》《诗》《书》《易经》《左传》《昭明文选》，李、杜、韩、苏之诗，韩、欧、曾、王之文，非高声朗诵则不能得其雄伟之概，非密咏恬吟则不能探其深远之趣。二者并进，使古人之声调拂拂然若与我之喉舌相习，则下笔时必有句调凑赴腕下，自觉琅琅可诵矣。”（见《家训》《字谕纪泽》）这都是很精当的。现在多数学生不能欣赏古文旧诗、词等，又不能写作文言，不会吟也不屑吟恐怕是主要的原因之一。作者虽不主张学生写作文言，但按课程标准说，多数学生的这两种现象似乎不能不算是教学上的大损失。近年渐渐有人见到这个道理，重新强调吟的重要；如夏丏尊、叶圣陶二先生的《文心》里便有很好的意见——他们提议的一些吟古文的符号也简单切实。作者主张学校里恢复从前范读的办法，吟、读、说并用。

黄先生所谓“讲读”，是“以说话谈论之语调出之”（《朗诵法》一二八面），只当得作者的“说”类。赵元任先生论白话诗也说过：“白话诗不能吟，……是本来不预备吟的；既然是白话诗，就是预备说的，而且不是像戏台上道白那么印板式的说法，……乃是照最自然最达意表情的语调的抑扬顿挫来说的。”（《新诗歌集》）他们似乎都以为白话诗文本于口语，只要说就成。但口语和文字究竟不能一致，况且白话诗文还有多少欧化的成分，一时也还不能顺口地说出。因此便不能不有“读”的腔调。从前宣读诏书，现在法庭里宣读判词，都是读的腔调。读注重意义，注重清楚，要如朱子所谓“舒缓不迫，字字分明”。不管文言、白话，都用差不多的腔调。这里面也有抑扬顿挫，也有口气，但不显著；每字都该给予相当分量，不宜滑过去。整个的效果是郑重，是平静。现在读腔是大行了，除恭读《总理遗嘱》外，还有宣读国民公约，宣读党员守则等；后两者听众并须循声朗读。但这些也许因为读得太熟，听得太熟了，不免有读得太快、太模糊的时候，似乎不合于读的本意。这些都是应用的文言；一切应用的文言都只宜于读。这也关涉到语文的教学。至于白话诗文，向来是用读腔的。赵元任先生的国语留声机片便是如此。他所谓“说”，和黄先生所谓“讲读”，恐怕也就是作者所谓“读”。这也难怪，白话文里纯粹口语原很少，戏剧能用纯粹口语的，早期只有丁西林先生，近年来才多起来。赵黄两先生似乎只注意到白话诗文本于口语，虽不是纯粹口语，按理想总该是“预备说的”。可是赵先生实地试验起来，便觉有时候并不能那么“最自然”地“说”了，他于是只好迁就着“读”。可是他似乎还想着那也是“说”，不过不是“最自然”的罢了。赵先生说起戏台上的道白。戏台上道白有艺术白和自然白的分别。艺术白郑重，可以说与“读”相当；自然白轻快，丑角多用它，和“说”也有些相像。——白话诗文自当以读为主。

早期白话诗文大概免不了文言调，并渗入欧化调，纯粹口语成分极少。后来口语调渐渐赶掉了文言调，但欧化调也随着发展。近年运用纯粹口语——国语，北平话——的才多些，老舍先生是一位代表。但比较起来还是少数。老舍先生的作品富于幽默的成分，“说”起来极有趣味。抗战前北平朱孟实先生家里常有诵读会，有一回一位唐宝钦先生“说”老舍先生的《一天》，活泼轻快，听众都感兴趣，觉着比单是阅读所得的多——已经看过原文的觉得如此，后来补看原文的也觉得如此。作者在清华大学一个集会里也试过浑家先生的《奉劝大爷》（二十五年二月三日《立报》），那是讽劝胡汉民先生的。听众也还感觉趣味。这两篇文都短而幽默。非幽默的长文，作者也在清华诵读会里试说过一回。那是作者自己的《给亡妇》。这篇文是有意用口语写的，但不敢说纯粹到什么程度。说的当儿一面担心时间来不及，一面因为自己说自己的文字有些不好意思，所以说得很快，有点儿草草了事似的，结果没有能够引起听众的特别注意。作者以为这种文字若用的真是纯粹口语，再由一个会说的人来说，至少可以使听众感到特别真切的。至于用口语写的白话诗，大家最容易想起的该是徐志摩先生的那些“无韵体”的诗。作者觉得那些诗用的可以算是纯粹口语。作者曾在清华的诵读会里试说过他的《卡尔佛里》一首。一面是说得不好，一面也许因为题材太生疏罢，失败了。但是还值得试别首，作者想。还有赵元任先生贺胡适之先生四十生日的诗（十九年十二月十八日北平《晨报》），用的道地的北平话，很幽默的，说起来该很好。徐先生还写过一首他的方言（硖石）诗——《一条金色的光痕》，是一个穷老婆子给另一个死了的穷老婆子向一位太太求帮衬的一番话。作者听过他的小同乡蒋慰堂先生说这首诗，觉得亲切有味。因此想起康白情先生的《一封未写完的信》那首诗，信文大部分用的是口语，有些是四川话；作者想若用四川腔去说，该很好。

早期的戏剧，只有丁西林先生的作品演出时像是话，别的便不免有些文气或外国语气，不像真的。近年来戏剧渐渐发展，抗战以后更盛，像话的对话才算成立了。曹禺先生当然是一位很适当的代表。不久得见陈白尘先生的《结婚进行曲》，觉得那前几幕里的对话自然活泼，好像有弹性似的，值得特别注意。戏剧是预备演的，对话得是“最自然”的，所以非用纯粹口语不可。戏剧虽然不止是预备说的，但既然是“最自然”的对话，当然最宜于说；要训练说腔，戏剧是最适合的材料——小说和散文里虽然也有对话，可是纯粹口语比较少。戏剧的发展可以促进说的发展。不过大部分白话诗文还是只宜于读。就白话文作品而论，读是主腔，说是辅腔；我们自当更着重在读上。

现在的诗歌朗诵，其实是朗读。作者还没有机会参加过这一类朗诵会，但曾请老舍先生读过《剑北篇》的一段和《大地龙蛇》里那段押韵的对话。听的所得比看的所得多而且好。特别是在看的时候总觉得那些韵脚太显著，仿佛凸出纸面上似的刺眼，可是听的时候只觉得和谐，韵脚都融化在句子里好像没有了一般。老舍先生不像吟旧诗、词等的样子重读韵脚，而是照外国诗的读法顺着辞气读过去。再说《剑北篇》原用大鼓调句法，他却只读不吟唱，大概是只要郑重和平静的效果的缘故。——读的用处最广大，语文教学上应该特别注重它。现在的学生只在小学里学会了诵，吟、读、说都不曾学。诵在离开小学后恐怕简直用不着；读倒是常常用着。黄先生说到教室内的国文教学，学生“起立读文，……每因害羞，辄以书掩面，草草读毕；或因胆怯，吞吐嗫嚅，期期不能出诸口；偶或出声，亦细微不可辨”（《朗诵法》一三六面）。这是实在情形，正是没有受过读的训练的结果。作者主张小学的国语教学应该废诵重读，兼学吟和说；大中学也该重读，恢复吟，兼学说。有人或许觉得读和说不便于背。其实这是没有根据的成见。背读《总理遗嘱》便是眼前的反证。作者曾试过背读白话诗，觉得至少不比背吟古体诗难。至于背说，演员背戏词也是眼前的例子；还有中小学生背演说的也常见。——语文教学里训练背说，便可以用剧本作材料，让学生分任角色说对话，那么，背起来就更容易了。

论诵读

最近魏建功先生举行了一回“中国语文诵读方法座谈会”，参加的有三十人左右，座谈了三小时，大家发表的意见很多。我因为去诊病，到场的时候只听到一些尾声。

但是就从这短短的尾声，也获得不少的启示。昨天又在北平《时报》上读到李长之先生的《致魏建功先生书》，觉得很有兴味。自己在接到开会通知的时候也曾写过一篇短文，说明诵读教学可以促进“文学的国语”的成长，现在还有些补充的意见，写在这里。

抗战以来大家提倡朗诵，特别提倡朗诵诗。这种诗歌朗诵战前就有人提倡。那时似乎是注重诗歌的音节的试验；要试验白话诗是否也有音乐性，是否也可以悦耳，要试验白话诗用那一种音节更听得入耳些。这种朗诵运动为的要给白话诗建立起新的格调，证明它的确可以替代旧诗。战后的诗歌朗诵运动比战前扩大得多，目的也扩大得多。这时期注重的是诗歌的宣传作用，教育作用，也许尤其是团结作用，这是带有政治性的。而这种朗诵，边诵边表情，边动作，又是带有戏剧性的。这实在是将诗歌戏剧化。戏剧化了的诗歌总增加了些什么，不全是诗歌的本来面目。而许多诗歌不适于戏剧化，也就不适于这种朗诵。所以有人特别写作朗诵诗。战前战后的朗诵运动当然也包括小说散文和戏剧，但是特别注重诗；因为是精炼的语言，弹性大，朗诵也最难。

朗诵的发展可以帮助白话诗文的教学，也可以帮助白话诗文的上口，促进“文学的国语”成长。但是两个时期的朗诵运动，都并不以语文教学为目标；语文教学实际上也还没有受到很大的影响。现在魏建功先生，还有黎锦熙先生，都在提倡诵读教学，提倡向这一方面的自觉的努力，这是很好的。这不但与朗诵运动并行不悖，而且会相得益彰。黎先生提倡的诵读教学，据报上他的谈话，似乎注重白话，魏先生的座谈，却包括文言。这种诵读教学自然是以文为主，不以诗为主；因为教材是文多，习作也是文多，应用还是文多。这就和朗诵运动的出发点不一样。

诵读是一种教学过程，目的在培养学生的了解和写作的能力。教学的时候先由教师范读，后由学生跟着读，再由学生自己练习着读，有时还得背诵。除背诵外却都可以看著书。

诵读只是诵读，看著书自己读，看著书听人家读，只要做过预习的工夫，当场读得又得法，就可以了解的，用不着再有面部表情和肢体动作。这和战前的朗诵差不多，只是朗诵时听众看不到原作；和战后的朗诵却就差得多。朗诵是艺术，听众在欣赏艺术。诵读是教学，读者和听者在练习技能。这两件事目的原不一样。但是朗诵和诵读都是既非吟，也非唱，都只是说话的调子，这可是一致的。

吟和唱都将文章音乐化，而朗诵和诵读却注重意义，音乐化可以将意义埋起来，或使意义滑过去。战前的朗诵固然可以说是在发现白话诗的音乐性，但是有音乐性不就是音乐化。例如一首律诗，平仄的安排是音乐性，吟起来才是音乐化，读下去就不是的。现在我们注重意义，所以不要音乐化，不要吟和唱。我在别处说过“读”该照宣读文件那样，但是这句话还未甚显明。李长之先生说的才最干脆，他说“所谓诵读一事，也便只有用话的语调（平常说话的语调）去读的一途了”。宣读文件其实就用的是说话的语调。

诵读虽然该用说话的调子，可究竟不是说话。诵读赶不上说话的流畅，多少要比说话做作一些。诵读第一要口齿清楚，吐字分明。唱曲子讲究咬字，诵读也得字字清朗；尽管抑扬顿挫，清朗总得清朗的。李长之先生注重词汇的读出，也就是这个意思。座谈会里潘家洵先生指出私塾儿童读书固然有两字一顿的，却也有一字一顿的；如“孟——子——见——

梁——惠——王”之类的读法，我们是常常可以听到的。大概两字一顿是用在整齐的句法上，如读《千字文》《百家姓》《龙文鞭影》《幼学琼林》《千家诗》之类；一字一顿是用在参差的句法上，如读《四书》等。前者是音乐化，后者逐字用同样强度读出，是让儿童记清每一个字的形和音，像是强调的说话。这后一种诵读，机械性却很大，不像说话那样可以含胡几个字甚至吞咽几个字而反有姿态，有味儿。我们所要的字字清朗的诵读，性质上就近于这后一种，不过顿的字数不一定，再加上抑扬顿挫，跟说话多相像一些罢了。

用说话的调子诵读白话文，自然该最像说话，虽然因为言文总有些分别，不能等于说话。但是现在的白话文是欧化了的，诵读起来也还不能很像说话。相信诵读教学切实施行若干时后，诵读可以帮助变化说话的调子；那时白话文的诵读虽然还是不能等于说话，总该差不离儿了。诵读白话诗，现在是更不像说话；因为诗是精炼的说话，跟随心信口的说话本差着些程度，加上欧化，自然要差得更多。用说话的调子读文言，不论是诗是文，是骈是散，自然还要差得多；但是比吟或唱总近于说话些。从前学习文言乃至欣赏文言，好像非得能吟会唱不可。我想吟唱固然有益，但是诵读也许帮助更大。大概诗词曲和骈文，音乐性本来大些，音乐化的去吟唱可以获得音乐方面的受用，但是在了解和欣赏意义上，吟唱是不如诵读的。至于所谓古文，本来基于平常说话的调子，虽然因为究竟不是口头的语言，不妨音乐化地去吟唱，然而受用似乎并不大，倒是诵读能见出这种古文的本色。所以就是文言，也还该以说话调的诵读为主。但是诵读总得多读熟读，才有效用；“曲不离口”，诵读也是一样道理。

诵读口语体的白话文（这种也可以称为白话），还有诵读小说里的一些对话和话剧，应该就像说话一样，虽然也还未必等于说话。说是未必等于说话，因为说话有声调，又多少总带着一些面部表情和肢体动作，写出来的说话虽然包含着这些，却不分明。诵读这种写出来的说话，得从意义里去揣摩，得从字里行间去揣摩。而写的人虽然想着包含那些，却也未必能包罗一切，揣摩的人也未必真能尽致。这就未必相等了。所以认真的演出话剧，得有戏谱，详细注明声调等等。李长之先生提到的赵元任先生的《最后五分钟》就是这种戏谱。有了这种戏谱，还得再加揣摩。但是舞台上的台词也还是不等于平常的说话。因为台词不但是戏中人在对话，并且是给观众听的对话，固然得流畅，同时也得清朗。所以演戏需要专业的训练，比诵读难。

写的白话不等于说话，写的白话文更不等于说话。写和说到底是两回事。文言时代诵读帮助写的学习，却不大能够帮助说的学习；反过来说话也不大能够帮助写的学习。这时候有些教育程度很高的人会写却说不好，或者会说却写不好，原不足怪。可是，现下白话时代，诵读不但可以帮助写，还可以帮助说，而说话也可以帮助写，可是会写不会说和会说不会写的人还是有。这就见得写和说到底是两回事了。大概学写主要得靠诵读，文言白话都是如此；单靠说话学不成文言也学不好白话。现在许多学生很能说话，却写不通白话文，就因为他们诵读太少，不懂得如何将说话时的声调等等包含在白话文里。他们的作文让他们自己念给别人听，满对，可是让别人看就看出不通来了。他们会说话到一种程度，能以在诵读自己作文的时候，加进那些并没有能够包含在作文里的成分去，所以自己和别人听起来都合适；他们自己看的时候，也还能够如此。等到别人看，别人凭一般诵读的习惯，只能发挥那些作文里包含得有的，却不能无中生有，这就漏了。至于学说话，主要的得靠说话；多读熟白话文，多少有些帮助，多少能够促进，可是主要的还得靠说话。只注重诵读和写作而忽略了说话，自然容易成为会写而说不好的人。至于李长之先生提到鲁迅先生，又当别论。鲁迅先生是会说话的，不过不大会说北平话。他写的是白话文，不是白话。

长之先生赞美座谈会中顾随先生读的《阿Q正传》，说是"觉得鲁迅运用北平的口语实在好极了"。我当时不在场，想来那恐怕一半应该归功于顾先生的诵读的。

再说用说话的调子诵读白话诗，那是比诵读白话文更不等于说话。如上文所说诗是精炼的语言，跟平常的说话自然差得多些。精炼靠着暗示和重叠。暗示靠新鲜的比喻和经济的语句；重叠不是机械的，得变化，得多样。这就近乎歌而带有音乐性了。这种音乐性为的是集中注意的力量，好像电影里特别的镜头。集中了注意力，才能深入每一个词汇和语句，发挥那蕴藏着的意义，这也就是诗之所以为诗。白话诗却不要音乐化，音乐化会掩住了白话诗的个性，磨损了它的曲折处。白话诗所以不会有固定的声调谱，我看就是为此。白话诗所以该用说话调诵读，也是为此。一方面白话诗也未尝不可以全不带音乐性而直用平常说话的调子写作。但是只宜于短篇如此。因为短篇的精炼可以不靠重叠，长些的就不成。苏俄的玛耶可夫斯基的诗，按说就只用平常说话的调子，却宜于朗诵。他的诗就是短篇多，国内也有向这方面努力的，田间先生就是一位。这种诗不用说更该用说话调诵读，诵读起来也许跟口语体的白话文差不多，但要强调些。因为篇幅短，要是读得太流畅，一下子就完了，没有了，所以得滞实些才成。

其实诗的诵读一般的都得滞实些。一方面有弹性，一方面要滞实，所以难。两次朗诵运动都以诗为主，在艺术上算是攻坚。但是诵读只是训练技能，还该从容易的文的诵读下手。

《大公报》，1946 年

中学生的国文程度

二十四年的《中学生》里曾有过一回“中学生国文程度的讨论”，可惜参加的人不很多，讨论得不够详细、切实。自己虽离开中学教职多年，但一直担任着大学一年级的国文，大学一年级生差不多全是高中毕业生，因此我对于这个问题是很留心的。现在想说说个人的意见。

社会上一般的看法是，近年来中学生的国文程度低落了。而且不但中学生如此，大学毕业生似乎也是如此。去年高考放榜后，考选委员会副委员长沈士远先生对中央社记者谈话，曾说到考生“国文之技术极劣，思路不清”，便指的大学毕业生而言。“技术极劣，思路不清”就是“低落”的说明。一般所谓“中学生国文程度低落”，意思大约也不出乎这两句话；

也许还得加上“别字多”“字迹不整洁”两个项目。他们的判断大致根据考卷、报告、文课、条告、书信这几样，显然只从写作着眼，他们的标准大致是文言——倒不是古文，而是应用的文言。

所谓“近年来中学生的国文程度低落”，自然意在与前几年的中学生相比，但没有人指出年代的分界。我们问，中学生的国文程度从什么时候才低落起来的呢？我想要是拿民八的五四运动作分界，一般人也许会点头罢？他们觉得，从那时候起，中学校一般的课业训练比从前松弛得多，国文科似乎也不能例外。单就中学生的文言写作而论，五四运动以来，确有低落的情形，我承认这个。但这种低落有它特殊的原因，和学校里训练的宽严好像是没有多大关系的。

原来“五四”以前的中学生，入学校之先，大都在家里或私塾里费过几年工夫，背诵过些古文，写作过些窗课——不用说是文言。这些是他们国文的真正底子。到了中学里，他们之中有少数能写出通顺的文言，大半靠了这点底子，中学校的国文教师，就一般而论，“五四”以前只有比“五四”以后差些，那些秀才举人作教师，决不能在一星期几小时里教学生得多少益处。学生在入学校之先没有写通文言，到了中学，除非自己对国文特别有兴趣，自己摸索到门径，毕业的时候大概还是不能写通文言的。但背古文，作窗课，都是科举的影响的残存。到了“五四”以后，这种影响渐渐消失，学生达到学龄，就入学校，不再费几年工夫去先学文言，这些学生是没有国文底子的。在中学的阶段里，教师渐渐换了新人，讲解比秀才举人清楚些，但只知讲解，不重训练，加上文言之外，还得学白话，文言教材又是各体各派，应有尽有，不像旧日通用的《古文观止》等教本，只选几体，只宗一派。学生负担加重，眼花撩乱，白话且等下文再论，文言简直是不知所从；训练既不严，范文又杂乱，没有底子的人又怎样写得通顺呢？程度低落，是必然的。

可是低落的只是文言的写作，白话尽管在这样情形之下，还是有长足的进展。前几年一般人还相信，必须写得好文言的，才写得好白话，因为新文学运动前期的作者，大都是半路出家，确是文言白话都会写的。但近些年青年作者出现的不少，我们从不曾见过他们写文言；偶然还见过一两位写的文言很糟，远不如他们写的白话。可见白话必须有文言做底子那意念并不是真理。这些青年作者多一半是大学生，但他们大概都曾经过中学的时代；在那时代，他们白话的写作已有了相当的样子，相当的底子，不过到了大学，才逐渐成熟罢了。在现时一般中学国文教学情形之下，这些学生得益于教师的也很少。他们的成就大部分从课外阅读和课外练习得来；他们读著译的小说，读各种杂志，文艺的，非文艺的；他们写作小说、散文、论文，登在校内或校外的刊物上。他们表现了自己，有了读者，甚至于还有了倾慕的人；这些鼓励他们那样做，却并不是教师的力量。不过在所有的中学生中，白话的写作有相当样子的究竟还是少数，正和从前中学生文言写得通顺的也只是少数一样。

现在中学生和从前中学生还有一点儿不同，就是说话的能力增进了。现在中学生比从前中学生会说话得多，而且是比较普遍的现象。从前的国文教师会演讲的少，学生在说话上也得不到益处。“五四”以后换了一些新人的教师，一般的演讲能力，比从前教师强得多，学生耳濡目染，自然会受影响。再则，白话文的流行也帮助说话不少。白话文虽然并不完全从说话发展，而夹着许多翻译的调子，但事实上暗示了种种说话的新方法，增进了一般说话的能力——在年轻的易塑性的中学生，尤其如此。更重要的，从五四运动以来，学生不断地做着向民众宣传的工作，这给了很好的机会让他们练习说话。中学生当然不是例外。部定的中学国文课程标准，虽也列着演说和辩论一项，但实施的似乎还少；中学生的说话能力，又是在课外自己训练出来的。

中学生写不通文言，大概有四种情形，第一是字义不明，因此用字不确切，或犯重复的毛病。如“枝叶扶疏，脱叶遍地”，上半说繁茂，下半说凋零，恰好相反。这句子的作者是将“扶疏”当作“稀疏”用了，所以致此。又如“至于在园内跋涉，多以自行车代步”，作者用“跋涉”其实只是“往来”的意思。又如“也未如不无谬见”，只能说“也未始非谬见”或“也不无谬见”。第二是成语错误。这又分为割裂和乱用。如“扫穴犁庭”变为“荡扫犁穴”，便不能成句。又如“发纵指示”变为“唆使指纵”，虽勉强可解，却不是味儿。这是割裂。又如“若文学革命，今后之文学倾向，及所谓普罗文学，汗牛充栋，接受为忙”，“文学革命”等都是抽象的概念，怎样可以“汗牛充栋”呢？这是乱用。一方面乱用，一方面当用不用，如不说“一举两得”，却说“一举而二美”，多寒伧！这都是不求甚解，不重记诵之故。第三是句式不熟，虚字不通也算在这类里。如“奇矣哉，同为人类，不但言语之不相知，而风俗亦殊不同”，这句的毛病很多，这儿只想指出那“之”字是不合适的。又如“夫博物院者，乃集各种不经见有价值之物所以博览于众者也”，“所”字显然不合适，“博览于众”该说“供众览”，“不经见”“有价值”之间，该有“而”字。又如“雪游北海”这个文题，实在不成一句话。“雪”下加个“中”字便成。又如“尽掬区诚，誓为后盾”，上半也不成语，大约是“谨掬愚诚”的意思。第四是体例不当，也就是不合口气。如给朋友的信，“兹将敝校情形报告一二，能乐闻乎？”“能乐闻乎？”就是“你能够高兴地听着吗？”像是在吵架了；该说“殆亦兄所乐闻乎？”或“想亦兄所乐闻也。”又如拟贺傅作义将军克复百灵庙电，“尚望鼓其余勇，灭此丑类！”“尚望”“鼓其余勇”都是平行下行的口气，不能用于尊敬的人。同题，“匪愧吴三桂，且惭史阁部，往古未有，现时所无，民族之宝，国家之魂！”首二语并不成句，并且比拟不伦；中二语太夸张，不会措词，不合体例。同题快邮代电，“本校同学皆相顾而言曰：‘政府抗日，不吾欺也。我失地之收复，国史之重光有日矣！且百灵庙地势之险要，进可攻，退可守；今既被我军收复，伪匪不易得逞矣。’”除第三个“之”字不合适以外，全段儿文绉绉的，啰里啰嗦的，满不是“快邮代电”的样子。这类应用文的体例本需要熟练，学生们写不合适，也在意料之中。

以上所论四种情形，也只以应用的文言为标准。但所谓应用的文言，“应用”的日子大概不会很长久了，据我看。现在应用这种文言的，报纸是大宗，其次公文，其次电报和书信。但报纸用白话，胡适之先生早就在提倡；只因办报的人总怕篇幅太多，印刷太贵，不愿马上全改成白话。可是这些年来，除了电讯和新闻还守着文言的阵地外，社论、通讯、特写等等，都渐渐在用白话了。公文加标点符号，也是改白话的先声。而政府文告，譬如：蒋委员长的许多告国人书，已经全用白话。电报因为按字计费，文言可以省些，用白话的似乎还没有。但若有人将电文里需要常用的字句编成简括的程式，成为电报汇编之类，便可解决这个困难。书信已经有用白话的，但因文言信有许多程式，可以省事，中年以上的人还是用文言的多些。这里可以看出，白话没有能普遍的应用，程式化不够这一层关系很大。若有些人向这方面努力，试造种种应用程式，让大家试用，逐渐修正，白话不久便可整个儿取文言而代之，文言便真死了。这种需要现在已经越来越大。现在是青年的时代，青年自然乐意用白话，而大部分的青年文言的训练太差，也是用白话便易。文言的死亡，和白话的普遍应用，是事所必至，是计日可待的。

因此，我觉得中等学校里现在已经无须教学生学习文言的写作。在有限的作文时间里，教学生分出一部分来写作文言，学生若没有家庭的国文底子或特殊兴趣与努力，到了毕业，是一定不会写通文言的。不但不能写通文言，白话写作，因为不能专力的缘故，也不能得着充分的发展。若省下学习文言写作的时间与精力，全用在学习白话的写作上，一般学生在中学毕业的时候，大概可以写出相当流畅的白话了。拿这种白话写应用的文件，大概比现时的中学毕业生用他们的破文言写出的会像样得多。思路总该清楚些，技术也该比较好些。那时候社会上一般人也许不至于老嚷着“中学生国文程度低落”了。社会上一般人大概只注重应用，文言也行，白话也行，只要流畅就好。这时代的他们，似乎已经没有“非文言不可”的成见了。过去他们拿应用的文言作批评的标准，只因为应用的文件多是文言写的；若是白话写的应用文件多了，他们的标准自然会跟着改变的。

照现在的情形看，一般中学生白话的写作也有很多的毛病。固然，比起他们的文言来，他们的白话确是好得多；比起从前有底子的中学生的文言，他们的白话在达意表情上也许还高些，至少不会不如那些个。可是就白话论白话，他们的也还脱不掉那技术拙劣，思路不清的考语；而思路不清更是要不得的现象，一般学生的写作往往抓不住题目，他们往往写下些不是支离便是宽泛的费话，在开篇时尤其如此。此外，层次的杂乱，意思的不贯联，字句的重复，也触目了然。这些原是古今中外一般初学写作的学生的通病，不是写作白话文才有这种种情形。但毛病总是毛病是事实。就白话的写作说，这些毛病一是由于阅读太少或不仔细，二是由于过分依赖说话。由于阅读太少或不仔细，不能养成阅读的——眼的，不全是耳的——客观的标准，便只能用说话作标准——全是耳的——来阅读自己的写作。但说的白话和写的白话绝不是一致的；它们该各有各的标准。说的白话有声调姿势表情衬托着，字句只占了一半。写的白话全靠字句，字句自然也有声调，可并不和说话的声调完全一样，它是专从字句的安排与组织里生出来的。字句的组织必得在文义之外，传达出相当于说话时的声调姿势表情来，才合于写作的目的。现在学生写白话，却似乎只直率地将说话搬到纸上，不加调制。缺少了声调姿势表情的说话，无怪乎乱七八糟的。这便是思路不清的现象；从不加调制那一层说，也便是技术拙劣的现象。当然也有说话时就思路不清的；但相信在现时写作思路不清的学生当中，这种思路根本不清的，究竟是少数。还有一层，我知道“五四”以后有许多中学国文教师在授课时，讲书少，说不相干的闲话多。这也给学生思路坏影响。

思路不清在学生写作的说明文和议论文里更为显见。说明文和议论文需要相当广的阅读和相当广的经验，在初学写作的年轻的学生，确乎比叙述描写各体难些。这里大部分是抽象观念的结合，思想力还未充分发展的青年，组织那些抽象观念，确是不易的。思路不清的毛病更为显见，也是当然。但是叙述、说明、议论三体都是应用文的底子；不会写作说明文和议论文，怎样能写作许多应用的文件呢？现在的学生只知注重创作，将创作当作白话文唯一的正确的出路；就是一般写作的人，也很少着眼在白话应用文的发展上。这是错的。白话已经占领了文学，也快占领了论学论政的文字；但非得等到它占领了应用文，它的任务不算完成。因为现在学生只知注重纯文学的创作，将论学论政的杂文学列在第二等，将应用文不列等，所以大多数不能将白话应用在日常人事上，也无心努力于它的程式化。他们不长于也不乐于写作说明文和议论文，一半也是这个缘故，这样学习白话的写作，是不切实的。说明文和议论文虽然难些，却不妨小处下手，从切近的熟悉的小题目下手。这两体最容易见出思路不清的毛病。从一方面看，也是好处；因为别人指点，自己揣摩，也能容易些——只要有人肯指点，自己肯揣摩。

只要中学生不必分心力学习文言的写作，白话文写作的这些毛病，便可得工夫逐渐矫正起来，我相信。矫正的方法固然在多写作，多指点，多修改；但还得多作分析的练习。分析的练习，或拿句作单位，或拿节作单位，或拿全篇大纲作单位。这样，可以集中心力在这个那个小节上。小节弄清楚了，整篇也便容易清楚了。再则，练习可用别人的文字或学生自己写出的文字作材料；这样，便让他们容易从比较里见短长，知道以后应该怎样作。这比只是让他们自己捉摸看不见的自己，也该好些。傅东华先生给商务编的《复兴初中国文教科书》便列着许多很好的分析的练习的题目，可惜试用的教师太少。这里需要教师的努力；学生课外是不会去自己动手的。现在的中学国文教师负担的工作太重，我也知道；但若一学期教学生作一两回练习，代替作文，教师并不至于太多费时间，我想这个办法值得一试。不过写作和诵读是关联着的；诵读可以帮助思想和写作技术的进步。怎样诵读才可以如此呢？课内讲读和课外阅读该怎样，能怎样进行呢？文言是不是必要的教材，诗歌是不是必要的教材呢？纯文学和杂文学该怎样分配呢？这些问题都很值得检讨。但这里篇幅有限，只好以后更端别论了。

再论中学生的国文程度

一般人讨论中学生的国文程度，都只从写作方面着眼；诵读方面，很少人提及。大约因为写作关系日用，问题的迫切，显而易见；诵读只关系文化，拿实用眼光去看，不免就是不急之需了。但从教育的立场说，国文科若只知养成学生写作的技能，不注重他们了解和欣赏的力量，那就太偏枯了。了解和欣赏是诵读的大部分目的；诵读的另一部分目的是当作写作的榜样或标准。按我的意见，文言文的诵读，该只是为了解和欣赏而止，白话文的诵读，才是一半为了榜样或标准。照历年中学生诵读的能力看，他们对于报章体的叙述、说明和议论的文字，不论文言或白话，似乎大体上都能懂，不至于弄错了主要的意思。这在日用上原已够了，因此中学生诵读问题，便被一般人所不注意。但说到细节，他们就不免常有弄错的地方。再说到所谓古文，乃至古书，不能懂的地方更多；往往连主要的意思也弄不明白。白话文学作品里（一些新诗姑且除外），许多委曲的表现样式（句子和结构），和有些比喻，一般中学生也往往抓不着它们的意思。

现行初中国文课程标准第一条目标是，“使学生从本国语言文字上，了解固有文化”，第五条是，“养成阅读书籍之习惯与欣赏文艺之兴趣”。高中国文课程标准第三条目标是，“养学生读解古书，欣赏中国文学名著之能力”。这些目标并不算高，可是现在一般中学生的诵读程度，能够达到这些目标的，似乎并不多。在文言文的诵读上，更其如此。只看学生作文里所用的成语，往往错误，如“折衡尊俎”“儿孙满膝”“狗头渍血”（狗血喷头）之类，便知道一般中学生对于诵读是怎样的马虎了。这些成语大部分从文言文来，可也有些从白话文来——如“狗血喷头”便是的。应用成语的正确或错误，是测验诵读程度一个简易的标准，特别从书写成语上看。因为写得没有误字，没有倒字，未见得就是用得确切。如“他的笑容不翼而飞”之类，但是写先写错了，即使放在上下文里很合适，也还是了解得不正确。诵读没有正确的了解，欣赏的兴趣自然是有限的。

文言文的表现样式（包括句法）和词的意义，也常教中学生迷惑。去年西南联大举行平津高中毕业生甄别试验，国文试题里文言译白话一段，是从《晏子春秋》卷六选出的：

> 灵公好妇人而丈夫饰者，国人尽服之。公使吏禁之，曰：“女子而男子饰者，裂其衣，断其带。”裂衣断带相望而不止，晏子见，公问曰：“寡人使吏禁女子而男子饰者，裂断其衣带，相望而不止，何也？”晏子对曰：“君使服之于内，而禁之于外，犹悬牛首于门而卖马肉于内也！公何以不使内勿服？则外莫敢为也。”公曰：“善！”使内勿服，不逾月而国人莫之服。

这可以说是浅显易懂。但许多考生却在“相望”那个熟语和那“内”字上栽了跟头。译得对的自然有：如前者译为“很多很多”“不知其数”“层见不穷”（该是“层出不穷”或“层见叠出”），后者译为“宫内的女子”。但是很少。有些人用取巧的办法，不译“相望而不止”这一语，只直抄在译文里，有些人单译“不止”，却略去“相望”，如“但没有能制止”。前者是懂了这一语的主要意思没有，无从知道；后者是懂了主要的意思，可是不懂“相望”的意思。“君使服之于内，而禁之于外”，那一句，似乎不便直抄，有些人却译为，“你何以不先教里面的不要穿男子的衣裳，则外面的也就不敢再穿了”。

用宽泛的“里面的”来译那“内”字，等于没有译，这些人自然是没有懂得那“内”字。

有些人望文生义，将“相望”译成“但女人们却只互相看看大家而已”，甚至译成“让来往行人观看不止”。“君使服之于内”那一句，也有人译成“你叫你的夫人穿，而禁止别人穿”，已经够错了。更有些人译成“你的意思是女子在家里可以穿男子服，而在外面就不可以”；还有译成“王命衣穿内面，但是不禁穿在外面”的。不懂“相望”，也许还可懂得全文的主要意思；不懂那“内”字，全文就成了一片模糊了。又有人将晏子对齐灵公的话里的“君”和“公”都译成“先生”；那不但是不明白古代社会情形，并且似乎是缺乏一般的社会常识——对于一国的元首，那有用对于一般人的普泛的称呼的道理呢？

有一个人误解了那“饰”字，闹了大错。他的译文的首节是这样：

灵公欢喜妇人，就用男子来扮成。于是人民都效学起来。灵公就教官吏去制止，说：“凡男子扮成女子的，便扯碎他的衣服，扯乱他的带子.”然而，虽是有人被破了衣，断了带，扮妇人的，仍然不止。

女子男装变着男扮女装，差不多翻了个身！更糟的一段译文是：

卫灵公很好色，使人把全国的女子驱禁在一起，说女子若是献媚男人的，就要处以裂衣断带的处罪。晏子见卫灵公就问道：我使人禁女子，但是许多与他们爱好的男子，都是依恋不舍，这是何故呢。晏子曰（回）答道，你虽外表上禁止，但是在内面仍然照常的行着，这好像是外面挂牛头，但在内则卖马肉了。你为什么不由内部做起，然后才施行呢！这样他们就不敢再违犯了。卫灵（公）说曰：这是一种妙法。

这简直是创造，那儿还是翻译！这两条都只是极端的例子，不能够代表一般中学生的程度。我引了来，只是表示中学生了解本国文字，会错误到这般地步，几乎使我们难以相信的地步！再则，就这两条译文本身而论，倒都还能自圆其说，文字也算通顺。可见诵读和写作，尤其是文言的诵读和白话文的写作，并不是一回事；这两者的相关度，并不如一般人所想象的那么密切。

现在的中学生，其实不但是中学生，似乎都不爱读文言文，特别是所谓古文，乃至古书。他们想着读文言文是没有用的。教科书里的文言文大部分是所谓古文，乃至古书，固然不能做写作白话文的榜样或标准，甚至于也不能做写作应用的（广义）文言文的榜样或标准。那么，为什么还要去读它呢？在他们看来，读文言文就好像穿上几十年前宽袍大袖的服装，在现代都市的马路上，汽车的影子里，一摇二摆地走着，真是太不合时宜的老古董的样子！我承认文言文的诵读不能帮忙白话文的写作，但可以帮忙应用的文言文的写作。不过我觉得现在的中学生已经无需再学应用的文言文，理由已经在前一篇论文里说过了。我可还主张中学生应该诵读相当分量的文言文，特别是所谓古文，乃至古书。这是古典的训练，文化的教育。一个受教育的中国人，至少必得经过这种古典的训练，才成其为一个受教育的中国人。现在的中学生不但不爱读文言文，似乎还不爱读历史，即使是本国史。他们读文言文和本国史，老是那么马马虎虎的，“不好不要紧”的态度。他们总不肯用他们的理解力和记忆力在这两科上；因此张冠李戴，往往有。上文所举，从成语错误到那“卫灵公”，都是显明的例子。

教师的讲解一向在国文训练里占着重要的部分。有些人觉得一般国文教师的讲解太琐细些，学生只被动地听着，不需要什么工作，似乎得不到实在的益处。这该分两层讨论。第一，我觉得课文应该分析地咀嚼；“讲解”若是这个意义，似乎正应该详尽些。固然，我们日常读书看报，只求了解主要的意思就够了，偶然有一两个不识的字，不明白的词语，大概总放它们过去，懒得去查字典或辞书。这或可以叫作“不求甚解”的态度。但是“不求甚解”而能了解主要的意思，还得靠早年的训练，那一字一句不放松的，咬文嚼字的功夫。若没有受过这种训练或用过这种功夫，而也取那“不求甚解”的态度，便往往不能了解读物的主要的意思；这种人自以为了解，其实往往只是望文生义罢了。现在一般中学生，从小学起所受的多少年的国文训练，虽然不充分，可是用来阅读普通的书报，大约也勉强够了。所以也可取那“不求甚解”的态度，而不至于抓不着主要的意思。但是对于即使是浅显的古文和古书，以及白话文学作品，他们也想取这个优游的态度可就不成。上面引的例子，便是平日吃了这个优游的态度的亏的表现的一斑。第二，要使一般中学生能够了解普通的古文和古书，以及白话文学作品，现在的国文训练，特别是中学时代的，实在嫌不充分。多讲闲话少讲课文的教师，固然不称职；就是孜孜兀兀地预备课文，详详细细地演释课文的，也还不算好教师。中学生需要充分的练习。练习包括预习、讨论、复习三步。每一步还有许多细目，这里不必列举。这些细目在各种国文教学法的书中，都曾或多或少地加以讨论。但我们现在所需要的，是切实地、有恒地施行；理论无论如何好，不施行总还是个白费！练习的主旨无非是让学生自己发现困难，寻求解决；到了解决不了时，自然便知道需要教师。这时候教师的帮忙，效用定会比一味演释大得多。这是让学生用理解力。解决的过程和结果，还得让学生常有温习的机会，才不至于全然忘却。这是让学生用记忆力。

教师不但得帮忙学生解决他们的问题，还得提供他们所没有注意到的重要的问题，师生共同讨论解决。若是课文里有可以和读过的课文或眼前报章杂志的材料比较的，教师也当抓住机会，引起相当时间的讨论。这可以增加学生的兴趣，并让他们容易记住。此外，默写和背诵，不拘文言文或白话文，都很要紧，该常常举行。文言文和旧诗词等，每讲完一篇，还该由教师吟诵一两遍，并该让学生跟着吟诵。现在教师范读文言文和旧诗词等，都不好意思打起调子，以为那是老古董的玩意儿。其实这是错的；文言文和旧诗词等，一部分的生命便在声调里；不吟诵不能完全领略它们的味儿。至于白话诗文，也该范读，不过只可用平调；若是对话或口语体，便该用口语的调子。我说到“味儿”，似乎已经从了解到了欣赏的范围了。其实欣赏就在正确的、透彻的了解之中。欣赏并不是给课文加上“好”“美”“雅”“神妙”“精能”“豪放”“婉约”“温柔敦厚”“典丽矞皇”一类抽象的、多义的评语，就算数的；得从词汇和比喻的选择，章句和全篇的组织，以及作者着意和用力的地方，找出那创新的或变古的、独特的东西，去体会，去领略，才是切实的受用。这和了解是分不开的。那些抽象的、多义的评语，意义不容易弄清楚，其实倒是避免的好。

白话文学作品并不如一般所想象的那么容易了解，我想也得举一个例。还是用西南联大去年平津高中毕业生甄别试验的国文试题，这回是白话译文言，是老舍先生《更大一些的想象》的头段儿：

要领略济南的美，根本须有些诗人的态度。那就是说，你须客气一点儿，把不美之点放在一旁，而把湖山的秀丽轻妙放在想象里浸润着；这也许是看风景而不至于失望的普遍原则。反之，你没有这诗意的体谅，而一个萝卜一个坑地去逛大明湖、趵突泉等，先不用说别的，单是人们口中的葱味，路上吱吱吜吜的小车子的轮声，就够你不痛快了。（末句和原作稍有不同）

“一个萝卜一个坑”这个比喻，懂的很少。翻得贴切的要算“斤斤计较之心”“尽观其详”几句；“呆呆”“一一”甚至“此萝卜此坑”，也算抓着了原语的意思。大部分人却只直抄原语或略而不翻。有些人又只将原语硬变成文言调子，如“一卜一坑”“随萝卜之坑”“以卜坑之若”“如为一萝卜或一坑而游大明湖、趵突泉等”“游一萝卜或一坑于大明湖、趵突泉等”。这些都是文不成义。还有些人翻作“梦然”“单独”“以极端主观之眼光”“以野夫之观”。这简直是瞎猜一气；后三语还可以说是望文生义，第一语好像完全是无中生有！中学生对于白话文学作品的了解，也还需要练习，由此例可见。翻译是很有用的练习，但似乎不必教学生译为文言，只教他们用自己的白话文重述出来就成。文言课文的练习，也可多用翻译，译文自然是用白话。但两者都得写下来，口述口译是不够的。

鲁迅先生的中国语文观

这里是就鲁迅先生的文章中论到中国语言文字的话，综合的加以说明，不参加自己意见。有些就抄他的原文，但是恕不一一加引号，也不注明出处。

鲁迅先生以为中国的言文一向就并不一致，文章只是口语的提要。我们的古代的纪录大概向来就将不关重要的词摘去，不用说是口语的提要。就是宋人的语录和话本，以及元人杂剧和传奇里的道白，也还是口语的提要。只是他们用的字比较平常，删去的词比较少，所以使人觉得“明白如话”。至于一般所谓古文，又是古代口语的提要而不是当时口语的提要，更隔一层了。

他说中国的文或话实在太不精密。向来作文的秘诀是避去俗字，删掉虚字，以为这样就是好文章。其实不精密。讲话也常常会辞不达意，这是话不够用；所以教员讲书必须借助于粉笔。文与话的不精密，证明思路不精密，换一句话，就是脑筋有些糊涂。倘若永远用着这种糊涂的语言，即使写下来读起来滔滔而下，但归根结蒂所得的还是一些糊涂的影子。要医这糊涂的病，他以为只好陆续吃一点儿苦，在语言里装进异样的句法去，装进古的，外省外府的，外国的句法去。习惯了，这些句法就可变为己有。

他赞成语言的欧化而反对刘半农先生“归真反朴”的主张。他说欧化文法侵入中国白话的大原因不是好奇，乃是必要。要话说得精密，固有的白话不够用，就只得采取些外国的句法。这些句法比较的难懂，不像茶泡饭似的可以一口吞下去，但补偿这缺点的是精密。反对欧化的人说中国人“话总是会说的”，一点儿不错，但要前进，全照老样子是不够的。即如“欧化”这两个字本身就是欧化的词儿，可是不用它，成吗？

“归真反璞”是要回到现在的口语，还有语录派，更主张回到中古的口语，鲁迅先生不用说是反对的。他提到林语堂先生赞美的语录的便条，说这种东西在中国其实并未断绝过种子，像上海弄堂口摊子上的文人代男女工人们写信，用的就是这种文体，似乎不劳从新提倡。他还反对“章回小说体的笔法”，都因为不够用，不精密。

他赞成语言的大众化，包括书法的拉丁化。他主张将文字交给一切人。他将中国话大略分为北方话，江浙话，两湖川贵话，福建话，广东话，主张地方语文的大众化，然后全国语文的大众化。这全国到处通行的大众语，将来如果真有的话，主力恐怕还是北方话。不过不是北方的土话，而是好像普通话模样的东西。

大众语里也有绍兴人所谓“炼话”。这“炼”字好像是熟练的意思，而不是简练的意思。鲁迅先生提到有人以为“大雪纷飞”比“大雪一片一片纷纷地下着”来得简要而神韵。他说在江浙一带口语里，大概用“凶”“猛”或“厉害”来形容这下雪的样子。《水浒传》里的“那雪正下得紧”，倒是接近现代大众语的说法，比“大雪纷飞”多两个字，但那“神韵”却好得远了。这里说的“神韵”大概就是“自然”“到家”，也就是“熟练”或“炼”的意思。

对文言的“大雪纷飞”，他取“那雪正下得紧”的自然。但一味注重自然是不行的。他主张语言里得常常加进些新成分，翻译的作品最宜担任这种工作。即使为略能识字的读众而译的书，也应该时常加些新的字眼，新的语法在里面。但自然不宜太多；以偶尔遇见而自己想想或问问别人就能懂得的为度。这样逐渐地拣必要的一些新成分灌输进去，群众是会接受的，也许还胜过成见更多的读书人。必须这样，大众语才能够丰富起来。

鲁迅先生主张的是在现阶段一种特别的语言，或四不像的白话，虽然将来会成为“好像普通话模样的东西”。这种特别的语言不该采取太特别的土话，他举北平话的“别闹”“别说”做例子，说太土。可是要上口，要顺口。他说做完一篇小说总要默读两遍，有拗口的地方，就或加或改，到读得顺口为止。但是翻译却宁可忠实而不顺；这种不顺他相信只是暂时的，习惯了就会觉得顺了。若是真不顺，那会被自然淘汰掉的。他可是反对凭空生造；写作时如遇到没有相宜的白话可用的地方，他宁可用古语就是文言，决不生造，决不生造“除自己之外谁也不懂的形容词”。

他也反对“做文章”的“做”，“做”了会生涩，格格不吐。可是太“做”不行，不“做”却又不行。他引高尔基的话“大众语是毛坯，加了工的是文学”，说这该是很中肯的指示。他所需要的特别的语言，总起来又可以这样说：“采说书而去其油滑，听闲谈而去其散漫，博取民众的口语而存其比较的大家能懂的字句，成为四不像的白话。这白话得是活的，因为有些是从活的民众口头取来，有些要从此注入活的民众里面去。”

北平《新生报》，1946 年

第二辑
语文杂谈

“热心阅读”文艺，不见得就理解文艺，诚然。不过这没有什么弊病，并且多阅读也可以增进理解。“动手写”文艺，就是写不好，似乎也没有什么弊病。只有理解不能透彻，写又写不好，却“立志把文艺作为终身事业”，那确是自误，并且也是社会的损失。

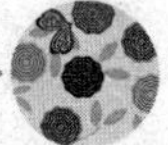

怎样学习国文

国文这科，在学校里是一种重要的功课，与英算居同等的地位。可是现在呢？国文只是名义上的重要了，其主要的原因，就是一般学生存着错误的观念，以为我们是中国人，学中国文，当然是容易的，于是多半对这门功课不很用功。无论白话文也罢，文言文也罢，在学习的时候，往往词不达意的地方很多，这就是没有对国文这科下过一番功夫的缘故。

最近的舆论，在为中学生的国文程度很低落，这种低落，指的是哪方面？所谓低落，若是在文言文这方面，确实是比较低落，尤其是近十余年来，中学生学做文言，许多地方真是不通。读文言的能力也不够。但从做白话文这方面来说，一般的标准是大大地进步了，对于写景、抒情的能力，尤其非常的可观。可是除此而外，以白话写议论文及应用文的能力，却非常的落后。

中学生对于“读”的功夫是太差了，现在把“读”的意义，简单地说一说。“读”这方面，它是包含着了解的程度及欣赏的程度。就像看一张图画，你觉得它确实太好了，但问你好到什么境地，那么得由你自己去体会，从体会的能力，就见出欣赏的深浅。

古人作一篇文章，他是有了浓厚的感情，发自他的胸腑，才用文字表现出来的。在文字里隐藏着他的灵魂，使旁人读了能够与作者共感共鸣。我们现在读文言，是因为时间远隔，古今语法不同，词汇差别很大，你能否从文字中体会古人的感情呢，这需要训练，需要用心，慢慢地去揣摩古人的心怀，然后才发现其中的奥蕴，这就是一般人觉得文言文了解的程度，比白话文实在是难的地方。

再进一步，可以说，白话与文言固然不同，白话与口语，又何尝一致呢？在五四运动的时候，有人提出口号：“文语一致”。这只是理想而已。“文”是许多字句组织起来的，“语”则不然，说话的时候，有声调、快慢、动作等因素来帮助它，可以随便地说，只要使对方的人能够了解。总之，“语”确实是比“文”容易。

文言文，大学生与中学生都不大喜欢读的，大半因为文言文中的词汇不容易了解，譬如文言文中的“吾谁欺？”在白话文中是“我欺负哪一个？”的意思。如果你不了解古代文法，也许会想到别的意义上去，然而只要多读它几遍，多体会一下，了解的程度就不同；所以“读”的功夫，我是以为非常重要的。

我们之所以对于典籍冷淡，另一方面，是因为它里面的事实，与我们现在不同。电影汽车飞机等类，在古代书籍中就见不到。反之，古代许多事物在我们现在也无从看到，譬如官制，礼节，服装等等，必须考据才能知道，这都阻碍我们阅读的兴趣。然而，只要用心，是没有什么困难不可以克服的。

生在民国的人们，学做文章，便不须要像做古文那样费很大的力量，只要你多读近代的作品，欣赏过近代的文学作品，博鉴过近代的翻译书籍，文学名著，那么，你写的文章，也可以很通顺，这是不用举例证明的。文言文中的应用文，再过 20 年，必定也要达到被废弃的境地，因为白话文的势力，渐渐地侵入往来的公文中，交际的信函中了。

由于文言文在日常应用上渐渐地失去效用，我们对于过去的文言文写的典籍便漠不关心，这是错误的思想。因为我们过去的典籍，我们阅读它、研究它，可以得到古代的学术思想，了解古代的生活状况，这便是中国人对于中国历史认识的任务，你多读文言，多研究历史，典籍，古文，这阅读工作的本身就是值得尊重的！

读文言最难的一步工作，是需要查字典，找考证，死记忆，有一种人图省事，对这步工作疏忽，囫囵吞枣地读下去，还自号“不求甚解”，这种态度，太错误了。假若我们模仿陶渊明的“好读书，不求甚解”的态度，那是有害无益的。他的不求甚解，是因为学问已经很渊博了，隐居时才自称“不求甚解”的，这句话含着他的人生观，青年人是万万不能从表面去仿效的。如果你以为他的不求甚解，就是马虎过去的意思，那么你非但没有了解“不求甚解”这句话的意义，对于你所读的书，就更无从了解。

碰见文言中不懂的词汇，除了请教国文老师而外，必须自己去查字典，以求“甚解”。如文言中的“驰骋文场”这成语，有一个人译到外国去是“人在书堆里跑马”的意思，这岂不是笑话吗？又如“巨擘”，原意是指拇指叫作巨擘，而它普通的意义是用来表扬“第一等”或“刮刮叫”等意义的赞语，这些地方就得留神，才不会出错。再举一例：白日依山尽，黄河人海流，欲穷千里目，更上一层楼。它在辞句上直接表示的意境已非常优美，但这首涛更说出另一种道理，它暗示人生，必须往高处走。所以我们读这首诗的时候，最要紧的是要懂得“言外之意”。又如下例：铜炉在向往深山的矿苗，瓷壶在向往江边的陶泥……这两句新诗，它的含意似乎更深了，有些人不解，但如果读了全文，便知道是非常容易明白的话。由此可见，诗里含着高尚的感情，要你多欣赏，多诵读，必能了解得更深刻。

此外关于了解文章的组织，也是必须的，须得把每篇文章做大纲，研究它怎样发展出来，中心在那里，还要注意它表面的次序，这种功夫，须得从现在就养成习惯，训练这种精神。

最后，我要告诉大家的，是关于写作方面，那你必须了解“创作”与“写作”的性质是不同的。自五四运动以后，许多人都希望成为一个作家，可是在今天，我们所能看见成功了的，出名的，确是寥寥无几。推究失败的原因，是到处滥用文学的感情和用语，时时借文字发泄感情，文学的成分太多了，不能恰到好处，反而失去文学真正的意义。

来纠正我们这些坏习惯，必须从报章文体学习。而我们更要学写议论文，从小的范围着手，拣与实际生活有密切关系的问题练习写，像关于学校中的伙食问题，你抓住要点，清清楚楚地写出来，即是有条理的文章。新闻事业在今世突飞猛进，发展的速度可以超乎其他文体之上，因为它是简洁而扼要。这种文体，我希望大家能努力去学。与其想成为一个文学家，不如学做一个切切实实的新闻记者。

（原载《国文杂志》1944 年）

什么是散文？

散文的意思不止一个。对骈文说，是不用对偶的单笔，所谓散行的文字。唐以来的“古文”便是这东西。这是文言里的分别，我们现在不大用得着。对韵文说，散文无韵；这里所谓散文，比前一文所包广大。虽也是文言里旧有的分别，但白话文里也可采用。这都是从形式上分别。还有与诗相对的散文，不拘文言白话，与其说是形式不一样，不如说是内容不一样。内容的分别，很难说得恰到好处；因为实在太复杂，凭你怎么说，总难免顾此失彼，不实不尽。这中间又有两边儿跨着的，如所谓散文诗，诗的散文；于是更难划清界限了，越是缠夹，用得越广，从诗与散文派生“诗的”“散文的”两个形容词，几乎可用于一切事上，不限于文字。——茅盾先生有一个短篇小说，题作“诗与散文”，是一个有趣的例子。

按诗与散文的分法，新文学里的小说、戏剧（除掉少数诗剧和少数剧中的韵文外）、“散文”，都是散文。——论文，宣言等不用说也是散文，但是通常不算在文学之内——这里得说明那引号里的散文。那是与诗，小说，戏剧并举，而为新文学的一个独立部门的东西，或称白话散文，或称抒情文，或称小品文。这散文所包甚狭，从“抒情文”“小品文”两个名称就可知道。小品文对大品而言，只是短小之文；但现在却兼包“身边琐事”或“家常体”等意味，所以有“小摆设”之目。近年来这种文体一时风行；我们普通说散文，其实只指的这个。这种散文的趋向，据我看，一是幽默，一是游记、自传、读书记。若只走向幽默去，散文的路确乎更狭更小，未免单调；幸而有第二条路，就比只写身边琐事的时期已展开了一两步。大体上说，到底是前进的。有人主张用小品文写大众生活，自然也是一个很好的意思，但盼望做出些实例来。

读书记需要博学，现在几乎还只有周启明先生一个人动手。游记、传记两方面都似乎有很宽的地步可以发展。我以为不妨打破小品，多来点儿大的。长篇的游记与自传都已有人在动手，但盼望人手多些，就可热闹起来了。传记也不一定限于自传，可以新作近世人物的传，可以重写古人的传；游记也不一定限于耳闻目睹，掺入些历史的追想，也许别有风味。

这个先得多读书，搜集材料，自然费功夫些，但是值得做的。不愿意这么办，只靠敏锐的观察力和深刻的判断力，也可写出精彩的东西；但生活的方面得广大，生活的态度得认真。——不独写游记、传记如此，写小说、戏剧也得如此（写历史小说、历史戏剧，却又得多读书了）。生活是一部大书，读得太少，观察力和判断力还是很贫乏的。在天津看见张彭春先生，他说文学有一条新路可以走。就是让写作者到内地或新建设区去，凭着他们的训练（知识与技巧）将所观察的写成报告文学。这不是报纸上简陋的地方通信，也不是观察员冗杂的呈报书，而应当是文学作品。他说大学生、高中学生都可利用假期试试这个新设计。我在《太白》里有《内地描写》一文，也有相似的说话，这确是我们散文的一个新路。此外，以人生为题的精悍透彻的——抒情的论文，像西塞罗《说老》之类，也可发展；但那又得多读书或多阅世，怕不是一时能见成绩的。

中学生与文艺

一、“中学生往往特别爱好文艺”，我想是因为他们要接触，并在精神上参加，广大的人生——人生的苦乐。他们自觉地或不自觉地感到自己生活圈子的狭小，阅读文艺是扩大这个圈子的一条路。而在学时期大概可以不必自谋衣食，他们也有闲暇去阅读和爱好文艺。

二、“热心阅读”文艺，不见得就理解文艺，诚然。不过这没有什么弊病，并且多阅读也可以增进理解。“动手写”文艺，就是写不好，似乎也没有什么弊病。只有理解不能透彻，写又写不好，却“立志把文艺作为终身事业”，那确是自误，并且也是社会的损失。但是青年人自知之明不足，择业往往错误，不止在文艺方面如此。这得靠贤明的父母兄姊和师友指点劝告。自己多碰钉子，当然也会觉悟，只是怕到那时已经晚了些。

三、理解文艺得从作品入手。同时也得阅读理论书籍，来帮助理解作品。自己摸索，也可以入门，但是得着理论的帮助可以快些。这种理论书该是鸟瞰的文学概论或文学史论或故事体的文学史或多举例分析的作法和讲解等。

四、文艺增进对于人生的理解，指示人生的道路，教读者渐渐悟得做人的道理。这就是教育上的价值。文艺又是精选的语言，读者可以学习怎样运用语言来表现和批评人生。国文科是语文教学，目的在培养和增进了解、欣赏与表现的能力，文艺是主要的教材。

五、“今日的中学生”该多读现代作品（包括翻译），但是不必限于新写实主义的。古典作品，语体的如《水浒传》《西游记》《红楼梦》等，也该读。文言以读唐宋以来的作品为主；古书最好翻成语体给他们读。

六、这里只就自己读过、现在想到的近代作品和理论书推荐几种，如下：

1. 作品

鲁迅自选集《呐喊》。这里是“老中国人的谱”和鲁迅先生反封建的工作。

茅盾自选集《春蚕》。这里是外来的经济压迫下挣扎着的中国，以及现代中国人的种种面影。

冯雪峰：《乡风与市风》，本书阐明历史在战斗中一个意思，精深警辟，但须细心阅读才能理会。

屠格涅夫：《父与子》（巴金译），这可以比较中国的中年代和青年代的生活态度。《罗亭》（陆蠡译），这显示知识分子只能说漂亮话，没有实践的勇气。

2. 理论

本间久雄：《文学概论》（章锡琛译），这是鸟瞰的文学概论。书中将文学作为“一个社会的现象”。

托尔斯泰：《艺术论》（耿济之译），托氏主张艺术是传染情感的，要使大多数人民懂。

伊可维支：《唯物史观的文学论》（江思译），本书阐明“唯物史观在文学上的应用”。

梁实秋：《浪漫的与古典的》，梁氏站在古典主义的立场看新文学运动，认为是浪漫的，而且是外国的影响。

李何林：《近二十年中国文艺思潮论》，本书在创作方面推尊鲁迅先生，在理论方面推尊宋阳先生。

约翰·麦西：《世界文学史话》（胡仲持译），这也是鸟瞰的著作。

郑振铎：《插图本中国文学史》，本书特别注重平民文学的发展，叙述也明白晓畅。

朱光潜：《谈文学》，书中有可商之处，如《论文学上的低级趣味》一篇。但是大体上可以说是对初学者切实的指导。

夏丏尊、叶绍钧：《文心》，本书流行已久，对于阅读和写作都有切实而详尽的帮助，尤其对于写作。

叶绍钧、朱自清：《精读指导举隅》，这是详细的讲解，注重怎样分析语文的意义。恕我"戏台里喝彩"，推荐了自己的书。

七、阅读作品，不可只注重故事，匆匆读过，应该随时停下来思考研究，并且得用心记住。读时可以随时和读过的理论印证。读文艺理论也该仔细，不可只记住些公式；读时也该随时和读过的作品印证。

八、转移这一类中学生的兴趣，主要的还是先介绍合适的作品给他们阅读。不妨先介绍那些包含着有趣味的故事的，也不妨先让他们消遣地读着，慢慢再认真起来。

九、中学生作文课，该以广义的应用文为主，因为作文课主要是技能的训练，艺术自当居次位。但是学生自己愿意多练习文艺写作，自然也可以在课外练习，并请教师指导。

十、文艺教学是语文教学的一部门，并且是主要的一部门，因为文艺是语文教学的主要教材。因为是语文教学的一部门，所以文艺教学应该注重词句段落的组织和安排，意义的分析；单照概括的文艺原理或批评原理来讲论作品的大意，是不够的。文艺教学跟文艺批评不尽同，教学不该放松字句。

十一、中学生办文艺小刊物，练习写作，似乎也是好事。只是不可以耽误别种功课。有人以为还是“多读些书好”，也许因为有些学生只顾写，不读书，也不观察，材料有限，越写越贫乏，写来写去只是那一点儿。这确是一条绝路。但是这是写作的态度不对，办文艺小刊物的并不一定到这地步。

十二、中学生如果只爱文艺，阅读的是它，练习的是它，却又没有敏锐的辨别力，就很容易滥用文艺的笔调。他们不能清楚地辨别文艺和普通文字（就是广义的应用文）的不同，他们只会那一套。因此写起普通文字来，浮文多，要紧话少，而那几句要紧话又说不透彻。这就不能应用。所以我在第九条答案里说“中学生作文课该以广义的应用文为主”。这广义的应用文应该以报章文做标准。讲读的教材里也该多选近乎这种标准的文章。但是这广义的应用文如果能恰到好处地含有些文学趣味，那自然是更有效果的。

1947 年 5 月，《中学生》杂志第 187 期

语文杂谈

此次到南开大学访友。承英文学会的好意，要我这个隔行的人演讲。情不可却，只得登台乱说了一回。以为说过就算过了。不料，那些不相干的话竟被记下来，还要在“人生与文学”上刊出。这真叫我为难；但为报答这些朋友们的好意起见，也只好硬着头皮，就记录的稿子（记得很不错）稍稍补充些，交给编者。

朱自清记，民国二十四年六月六日。

文言与白话 文言有所谓骈文、古文等等分别。现在作骈文的人很少，恐怕作也作不好。古文有腔调，普通应用，也不方便；古文有点儿像台步，平常走路，若是掺杂着些台步，岂不蹩扭？目下应用的文言并不是古文，而是一种“常体”，(此名系我杜撰)便是书信、公牍、札记等等的文体；只求朴实记事说理，不作姿态。——真正的古文，作得好的怕也很少。

但是现在的文言不止于因袭从前的“常体”，而实在向白话化的路走。第一，句子越过越长，或说越过越啰嗦，虚字(之乎者也矣焉哉)越过越少。请看下一节文字：

日内瓦中国国际图书馆为沟通中西文化起见，特(地)举行世界图书馆展览会。在沪举行，成绩甚佳(好)。现(在)应华北各方请求，由今日起至七日止在北平图书馆展览一周(星期)，每日展览时间，自晨(早)九时起，至下午五时止。(去年十一月一日《大公报》)

若将括弧里的字分别加入、换入，岂不就是现行的白话？这便因为句子长，又没虚字的缘故。第二，文言里叠床架屋的表现越过越多，如王力先生在《独立评论》里所举的“人生之生命”“难保不无障碍”，还有如“空前未有之巨灾”等，都见得一般人对于文言的滥用；这样下去，文言是会自己毁灭的。照这两层看，将来白话一定能够取文言而代之。

与文言白话化同时，白话文却在欧化。欧化最显著的例子第一是堆砌的形容句，往往使人眼花缭乱。如《人生与文学》第二期一〇三面所举的一节里，“一条”“街”之间，夹上六十四个字还带四个逗点的形容句，真够瞧的，难怪“项雨”先生说是“鬼话文”。第二是被动句，如林语堂先生在《人间世》里所举的：

> 女人最可畏的物质贪欲和虚荣心，她渐渐的都被培植养成。

这种句子好像拗口令。

文字与口语 文字与口语能够恰合吗？不会的。第一，文字没有声调，口语却有。第二，口语里文法与文字不尽相同。如“没去哪，还”（还没去哪）“您问他，得”，（您得问他）文字里就不会有。第三，口语有姿势或表情帮助传达意思，文字却无此方便。

不过文字采用口语体，就是求近于口语，是可能的。但是得有标准语。我们现在的标准语，已定为北平语。这件事曾经过许多争辩。有人主张不必用活方言作标准，该兼容并包的定出所谓“国语”。他们所谓“国语”就是从前人所称的“蓝青官话”。但各人“蓝青”的程度不同，兼容并包的结果只是四不像罢了。我觉得总是有个活方言作标准的好。这里我们可以说一说拼音文字。有人主张中国用拼音文字；又叫作拉丁化。

主张用拼音文字，不外两个理由：第一，文字口语合一；重要的怕还是第二，容易普及。第一层办不到，已见上文。第二层似乎太理想，我觉得推行简体字倒是实惠的办法。固然，从前有些教会用罗马字拼圣经，推行有相当的效果；但是简体字推行起来也许效果不比他们差。再说教会是用罗马字拼方言，才能推行；我们若仿作，各地印各地的书，怕无此财力，而各地文字，互不能识，也与国家统一有碍。我还是相信“书同文”的。

与采用口语体连着的，便是诵读。听说张仲述先生前回在南大电台广播，诵读徐志摩先生的诗，成绩很好。清华那边也有过两回诵读会。北大教授朱光潜先生也组织了一个诵读会，每月一回。诵读是很有意义的事。有几点可以注意。第一是轻重音的分别，如“的”“啦”等都是轻音，应该轻读。这是一个意思。又如读诗，一行里有几个重音，(若作者意识到这个)(如闻一多先生“满地是白杏儿红樱桃”有三个重音)，读时也得注意。这是另一个意思。第二是表情。第三是声调。读旧诗文有差不多一定的腔调，但白话诗文当另找读法。也许将来会找出个标准读法，现在许多人却相信一篇该有一篇的声调。大致语体还好办些；不近口语的却很难。盼望大家多试验。曾听朱湘先生念过他自己的一首诗，是采用戏台上的艺术白；这个方法或者还可以试试。

文字与意义 文字有文义 (Sense) 与用意 (Intention)，最好能分别清楚。如“该死”二字，文义是应该死掉，其实用意不过表示自责或责人。这种只是表感情的词，与表思想的不同。

文字又有多意 (ambiguity)，不可只执一解。如燕大抗日会开过一个铺子，专卖通俗读物，字号叫“金利”。“金利”自然是财源茂盛的意思。但据命名的顾颉刚先生说，此外还有三种用意。第一，金属西方，中国在西，是说中国利。第二，是关合易经上“二人同心，其利断金”那句话。第三，是关合《左传》上“磨厉以须”那句话。又如陶渊明的名句，“采菊东篱下，悠然见南山”，向来说是高人雅致。但古来有九月九日采菊花的风俗。采了放在酒里，喝下去可以延年益寿。陶句兼含此义也未可知。所以听人家的话，读人家的书最好能细细想想。

1935 年 6 月 6 日

诗的语言

一　诗是语言

普通人多以为诗是特别的东西，诗人也是特别的人。于是总觉得诗是难懂的，对它采取干脆不理的态度，这实在是诗的一种损失。其实，诗不过是一种语言，精粹的语言。

1. 诗先是口语：最初诗是口头的，初民的歌谣即是诗，口语的歌谣，是远在记录的诗之先的，现在的歌谣还是诗。今举对唱的山歌为例：

“你的山歌没得我的山歌多。我的山歌几箩篼。箩篼底下几个洞，唱的没有漏的多。”

“你的山歌没得我的山歌多。我的山歌牛毛多。唱了三年三个月，还没唱完牛耳朵。”

两边对唱，此歇彼继，有挑战的意味，第一句多重复，这是诗；不过是较原始的形式。

2. 诗是语言的精粹：诗是比较精粹的语言，但并不是诗人的私语，而是一般人都可以了解的。如李白《静夜思》：

床前明月光，疑是地上霜。
举头望明月，低头思故乡。

这四句诗很易懂。而且千年后仍能引起我们的共鸣。因为所写的是“人”的情感，用的是公众的语言，而不是私人的私语。孩子们的话有时很有诗味，如：院子里的树叶已经巴掌一样大了，爸爸什么时候回来呢？这也见出诗的语言并非诗人的私语。

二　诗与文的分界

1. 形式不足尽凭：从表面看，似乎诗要押韵，有一定形式。但这并不一定是诗的特色。散文中有时有诗。诗中有时也有散文。前者如：

历览前贤国与家，成由勤俭破由奢。（李商隐）

向你倨，你也不削一块肉；向你恭，你也不长一块肉。（傅斯年）

后者如：

暮春三月，江南草长，杂花生树。群莺乱飞。（邱迟）

我们最当敬重的是疯子，最当亲爱的是孩子，疯子是我们的老师，孩子是我们的朋友。我们带着孩子，跟着疯子走向光明去。（傅斯年）

颂美黑暗。讴歌黑暗。只有黑暗能将这一切都消灭调和于虚无混沌之中。没有了人，没有了我，更没有了世界。（冰心）

上面举的例子，前两个，虽是诗，意境却是散文的。后三个虽是散文，意境却是诗的。又如歌诀，虽具有诗的形式，却不是诗，如：

平声平道莫低昂，上声高呼猛烈强，去声分明哀远道，入声短促急收藏。

谚语虽押韵，也不是诗。如：

病来一大片，病去一条线。

2. 题材不足限制：题材也不能为诗、文的分界。“五四”时代，曾有一回“丑的字句”的讨论。有人主张“洋楼”“小火轮”“革命”“电报”……不能入诗；世界上的事物，有许多许多——无论是少数人的，或多数人所习闻的事物——是绝对不能入诗的。但他们并没有从正面指出哪些字句是可以入诗的，而且上面所举出的事物未尝不可入诗。如邵瑞彭的词：

电掣灵蛇走，云开怪蜃沉，烛天星汉压潮音，十美灯船，摇荡大珠林。（《咏轮船》）

这能说不是“诗”吗？

3. 美无定论：如果说“美的东西是诗”，这句话本身就有语病；因为不仅是诗要美，文也要美。

大概诗与文并没有一定的界限，因时代而定。某一时代喜欢用诗来表现，某一时代却喜欢用文来表现。如，宋诗之多议论，因为宋代散文发达；这种发议论的诗也是诗。白话诗，最初是抒情的成分多，而抗战以后，则散文的成分多，但都是诗。现在的时代还是散文时代。

三　诗缘情

诗是抒情的。诗与文的相对的分别，多与语言有关。诗的语言更经济，情感更丰富。达到这种目的的方法：

1. 暗示与理解：用暗示，可以用经济的字句，表示或传达出多种的意义来，也就是可以增加情感的强度。如辛稼轩的词：

将军百战身名裂，向河梁回头万里，故人长绝。

易水萧萧西风冷，满座衣冠似雪。正壮士悲歌未彻。

这词是辛稼轩和他兄弟分别时作的，其中所引用的两个别离的故事之间没有桥梁；如果不懂得故事的意义，就不能把它们凑合起来，理解整个儿的意思，这里需要读者自己来搭桥梁，来理解它。

又如朱熹的《观书有感》：

半亩方塘一鉴开，天光云影共徘徊。

问渠“那得清如许”？“为有源头活水来。”

也完全是用暗示的方法，表示读书才能明理。

2. 比喻与组织：从上段可以看出，用比喻是最经济的办法，一个比喻可以表达好几层意思。但读诗时，往往会觉得比喻难懂，比喻又可分：(1) 人事的比喻：比较容易懂。(2) 历史的比喻（典故）：比较难懂。新诗中用比喻的例子，如卞之琳的《音尘》：

绿衣人熟稔地按门铃，
就按在住户的心上；
是游过黄海来的鱼？
是飞过西伯利亚来的雁？
“翻开地图看”这人说。
他指示我他所在的地方，
是那条虚线旁那个小黑点。
如果那是金黄的一点，
如果我的坐椅是泰山顶，
在月夜，我要猜你那儿，
准是一个孤独的火车站。
然而我正对着一本历史书，
西望夕阳里的咸阳古道，

我等到了一匹快马的蹄音。

在这首诗里，作者将那个小黑点形象化、具体化，用了“鱼”和“雁”的典故，又用了“泰山”和“火车站”作比喻，而“夕阳”“古道”，来自李白《忆秦娥》：“乐游原上清秋节，咸阳古道音尘绝；音尘绝，西风残照，汉家陵阙”，也是一种比喻，用古人的伤别的情感喻自己的情感。诗中的比喻有许多是诗人自己创造出来的，他们从经验中找出一些新鲜而别致的东西来作比喻。如：陈散原先生的“乡县酱油应染梦”，“酱油”亦可创造比喻。可见只要有才，新警的比喻是俯拾即是的。

四　组织

1. 韵律：诗要讲究音节，旧诗词中更有人主张某种韵表示某种情感者，如周济《宋四家词选叙论》：

阳声字多则沉顿，阴声字多则激昂，重阳间一阴，则柔而不靡，重阴间一阳，则高而不危。

东、真韵宽平，支、先韵细腻，鱼、歌韵缠绵，萧、尤韵感慨，各具声响。

2. 句式的复沓与倒置：因为诗是发抒情感的，而情感多是重复迂回的，如《古诗十九首》：

行行重行行，与君生别离。
相去万馀里，各在天一涯。
道路阻且长，会面安可知。
……

这几句都表示同一意思——相隔之远——，可算一种复沓。句式的复沓又可分字重与意重。前者较简单，后者较复杂。歌谣与故事亦常用复沓，因为复沓可以加强情调，且易于记诵。如李商隐诗：

君问归期未有期，巴山夜雨涨秋池；
何当共剪西窗烛，却话巴山夜雨时。

这也是复沓，但比较的曲折了。

新诗如杜运燮的《滇缅公路》：

……路永远使我们兴奋，

都来歌唱呵，
这是重要的日子，
幸福就在手头。
看它，
风一样有力，
航行绿色的田野，
蛇一样轻灵，
从茂密的草木间盘上高山的背脊，
飘在云流中，
而又鹰一般敏捷，
画几个优美的圆弧，
降落下箕形的溪谷，
倾听村落里安息前欢愉的匆促，
轻烟的朦胧中，
溢着亲密的呼唤，
人性的温暖。
有时更懒散，
沿着水流缓缓走向城市，
而就在粗糙的寒夜里，
荒冷而空洞，
也一样负着全民族的食粮，

载重车的黄眼满山搜索，

搜索着跑向人民的渴望；

沉重的橡皮轮不绝的滚动着，人民兴奋的脉搏，

像一块石子一样，

觉得为胜利尽忠而骄傲；

微笑了，在满足向微笑着的星月下面，微笑了，

在豪华的凯旋日子的好梦里……

一方面用比喻使许多事物形象化、具体化；一方面写全民族的情感，仍不离诗的复沓的原则：复沓的写民族抗战的胜利。句式之倒置：在引起注意。如：

竹喧归浣女。

3. 分行：分行则句子的结构可以紧凑一点儿，可以集中读者的边际注意。诗的用字须经济。如王维的：

大漠孤烟直，长河落日圆。

十字，是一幅好画，但比画表现得多，因为这两句诗中的“直”“圆”是动的过程，画是无法表现的。

五　传达与了解

1. 传达是不完全的：诗虽不如一般人所说的难懂，但表达时，不是完全的。如比喻，或用典时往往不能将意思或情感全传达出来。

2. 了解也是不完全的：因为读者读诗时的心情，和周遭的情景，对读者对诗的了解都有影响。往往因心情或情景的不同，了解也不同。

诗究竟是不是如一般人所说的带有神秘性，有无限可能的解释呢？这是很不容易回答的。但有一点可以说：我们不能离开字句及全诗的连贯去解释诗。

在昆明西南联合大学师范学院讲演

姚殿芳、叶兢耕记录

载 1942 年 11 月 22 日《国文月刊》

青年与文学

青年人爱好文学的很多。多一半不但爱好阅读，也爱好写作。他们常有的问题是：阅读什么？怎样写作？

阅读的兴趣大概集中于白话新文学。这又有创作和翻译的分别。似乎还是爱好本国创作的多，因为风土人情到底熟悉些。三十年来新文学作品可读的不少，但是这里先提出鲁迅先生和茅盾先生。他们有鲁迅自选集与茅盾自选集，可惜这两本书现在似乎没有重印，不容易得着。那么，先读鲁迅先生的《呐喊》与《热风》，茅盾先生的《蚀》（包括《动摇》《幻灭》《追求》三部曲）也好。翻译可以先读古典，如官话圣经，傅东华先生译的奥德赛与吉诃德先生传，曹未风先生译的《莎士比亚全集》，周学普先生或郭沫若先生译的《浮士德》，郭沫若和高地两先生译的《战争与和平》，韦丛芜先生译的《罪与罚》，傅雷先生译的《约翰·克利斯朵夫》。旧小说和古文学也该读。前者可以先读《水浒传》《西游记》《红楼梦》，后者可以先读“言文对照”的《古文观止》和《唐诗三百首》——前一种可以读姚稚翔先生译注的，后一种可以读姚乃麟先生译注的。

写作的兴趣从前似乎集中于纯文学，现在渐渐转向杂文学。这是健全而明智的转变。表现和批评这时代，杂文学的需要比纯文学似乎更大。杂文学是报章与文学的结合，报章显然是大家都要读的。一方面杂文学的写作成就不太难，纯文学却难得多。

1947 年 11 月

文学与语言

关于这个问题，今天讲的只是常识方面的几句话，打算分作五项讲：

（一）口语与写作 大家都知道，口语在前，写作在后，就是说先有语言，后有文字。口语记录便成功文字。口语跟文字不过是两种工具，用来发表思想表示感情。这两种工具有许多不同的地方，文言跟口语固然差别很多，白话跟口语也不尽同，言文一致只是一种理想，因为口语跟文言、白话的规则有差别，我们有所谓文法句法，应当还有语法。拿口语来讲："他没有来偕？"这句话在文字上须写成"他还没有来？"又如"你吃饭过吗？"，要写成"你吃过饭吗？"才通。

在写作上散文与诗的句法也不相同。譬如"竹喧归浣女"，意思就是“竹喧浣女归”。有些人往往把诗看得很神秘，以为诗不合逻辑就越好，诗人的态度应该是蓄长发穿破皮鞋的。其实诗并无神秘，不过写法不同罢了。最近死去的陈之原，他在张之洞幕府里的时候，有一次伴着张之洞重九登高，做了一首七言律诗，第七句是“作健逢辰领元老”，张之洞看了很不高兴，他以为元老怎么会被人领呢？一被人领了便不元不老了。这句诗的本意就是“作健逢辰元老领”。张之洞也是个诗人，但是他把诗法与文法混在一块了。

其次说到口语，口语的好处，活泼、亲切、自然，说时有姿态、手势来帮助表情。如中国人的眨眨眼，摇摇头，洋人的耸耸肩膀，都表示一种感情。声调语气也有种种变化，有轻重快慢的不同。但说话只能对少数人，广播的说话可以对多数人，不过姿势表情没有了，又少修饰，很使人听得不耐烦。还是不能代替文字的写作。

写作的好处在条理清楚。它没有声调姿势的帮助，便利用条理。文字的简洁或增加，是经过一种选择的。这种选择便是修饰功夫。写作不但条理清楚，而且比说话经济。说五分钟话，写成文字，两分钟就看完了。

（二）白话与文言　白话与文言可说是两种语言。这两种语言的分别，弄清楚了有很多好处。一般人以为文言的阅读须经过脑筋翻译成白话才能明了。写文言文要把白话翻译成文言而后能写成文字。这是一种错误观念。这种观念大概是从学习外国语而来的。因为初学外国语时，须先经过一种翻译才能阅读和写作。其实写文言不必翻译正如精通外国文的人写作和阅读不需要翻译一样。英文学得不好的人，写作时要先打中文稿子，结果便写成中国英文了。拿白话翻成文言，也就不能成真正文言。

有人说文言的好处在简单，白话太繁。这也是不对的，两者都有繁简。博士卖驴，写完三纸，不见驴字。这不是文言的繁吗？繁简只是写作艺术上的问题，不是文言和白话的分别。

语汇和字汇来分别也不好，白话文中免不了有用文言字的。但就方式说，白话和文言就大不相同了。譬如说，“听父亲的话。”听来很顺耳，说“接受父亲的意见”，在一般年纪老一些的人听来便不大舒服了。“五四”以后，青年人的地位渐渐增高了，说“接受父亲的意见”便不觉怎样不对。“接受父亲的意见”这方式文言中是没有的。生活的改变，语言方式有了新的增加。

韩愈讲文气，他说：“气，水也；言，浮物也，水大而物之浮者，小大毕浮，气之与言犹是也。”这里所谓气，应该是新的语式，韩愈讲究文气，就是用新的语式加入文章。有人说韩愈复古，作古文，我以为他是革新，作新文体。明清的古文家，描写人的对话时，也极力想接近当时说话的口气。原因是当时的生活渐渐改变了，旧文体不能胜任，不得不有变化。最明显的改变是清末梁启超所倡的新文体。

“五四”提倡白话到现在，就文学说，刚立好基础。应用则已很广。至于公文等的应用，仍旧用文言。因为其中好多语式未改变，用文言写来比较方便。譬如：文言中的“尊著”，用白话写就是“你的著作”。这似乎太不客气。写作“你的大作”，便客气些，但就带着文言的味道了。再如“仁兄”这个称呼也不易改变。固然，直呼名字，在“五四”时认为前进；“你我”相称，可以表示亲热，若用于尊长，便见得太亲热了。也可说不大庄敬。语言是有许多阶层的，正如社会有许多阶层一样。语汇和谈话方式各阶层自成一套。因为教育和环境的不同，所以对语言的了解力也不同。此是纵的方面。横的方面看，散文与诗有着差别，前面已经说过了，而骈文散文也不一样。例如：“远迹曹爽，洁身懿师。”这句子，依散文的观点来看，像是说阮籍追随着曹爽，其实这是远避的意思。因为骈文与散文在组织与文法上有很大的差别。专就散文而论，桐城派的古文与从前的《大公报》的社评也不同。后者可称为新文言或变质的文言，其中夹上许多的新名词，而没有声调之美。古文读起来是可以摇头摆尾的，但读大公报的社评，头摇不起来，尾也摇不出来。所以我们必须用不同的眼光去观察，把它们看成两种东西。

（三）文字与文学　说到文字与文学，最好先从语言上着眼，语言可分表情的与达意的两种：譬如，你在食堂门口碰见朋友，问他“吃饭了没有？”不吃饭怎么到食堂里来呢？又如问外面进来的朋友：“有太阳没有？”太阳当然不会没有的。意思是说看没看见太阳。这些话都是没有什么意思的，不过表示一种对朋友的关心。目的不是达意而是表情。

文学大多是偏重在表示感情的，有人说文字使人知，文学使人感。有把文字的功用分为四种的：一表达意思，二表达感情，三表示口气，四表示目的。其实严格分别是不可能的。大概说来，文字要注重条理，文学更要注重具体描写。例如：“五月榴花照眼明”；“枯藤老树昏鸦，小桥流水人家，古道西风瘦马。夕阳西下，断肠人在天涯”。都是凑合许多形象，如给人一幅画图一样。这是文学，不是文字。

诗是最文学的，所表示的感情特别强烈。有人以为诗与散文的不同，是在韵脚和节奏的有无，但骈文有节奏，赋有韵脚，这并不是诗。用诗意来分别也不好，散文中也有富于诗意的。就形式来分也很难，现在的分行的新诗有许多并不像诗。我看，比较保险的分法就是诗的表情比文更强烈一点儿。

（四）比喻与文学 比喻在口语中我们常常用到它，但在文学中，比喻尤其重要。山头，山脚，都是比喻，用惯了便不觉得。这种比喻是死的，还有活的比喻，如："这个人的舌头像刀一样。""眼睛像星一样"。"日本人的泥脚"等等。比喻是文学的重要的一部分，它的来源有二：改变旧的，或创造新的。诗人与文人必须常常制造比喻，改造比喻。典故也是一种比喻。放着许多典不用也觉可惜。不过典应有新的用法，偏僻的典不可用。

（五）组织与排列 这可分三节讲：

一、颠倒：为了文字的经济，有时要改变普通的组织排列。如韦应物的诗："独夜忆秦关，听钟未眠客。"意思上的次序是说一个孤独的旅人，夜里听着钟声，想念秦关而不能入眠。小说中也常有颠倒的写法，劈空而来，再转头说回去，这样更见得有力。

二、重复与夸张：重复就是兜着圈子说，表示加重意思。如古诗："行行重行行，与君生离。相去万馀里，各在天一涯。道路阻且长，会面安可知……"。再如："东边一棵杨柳树，西边一棵杨柳树。南边一棵杨柳树，北边一棵杨柳树。任他千万杨柳树，怎能挽得离情住？"说来说去，只是一个别离而已。至于夸张，例子多不胜举。就说四川的山歌罢："你的山歌没得我的多，我的山歌比牛毛多。唱了三年六个月，没有唱完一只牛耳朵。”

三、声律与排比：声律是使文学美化的一个要素，旧诗中的音调都是很美的。新诗则利用节奏。排比在古文学中甚占地位，白话文也少不了它。胡适之先生的文章大家说好，他就是喜欢用排比的，例如：“写字的要笔好，杀猪的要刀好。”今天讲的只是个大概，至于证例，诸位在阅读时常可找到的。

1943 年 3 月 1 日

诵读教学

前天北平报上有黎锦熙先生谈国语教育一段记载。“他认为现在教育成绩最坏的是国文，其原因，第一在忽视诵读技术。……他于二十年前曾提倡新文学运动，也曾经提倡过欧化的文句。可是文法组织相当精密，没有漏洞。现在中学生作文与说话失去了联系，文字和语言脱了节。文字本来是统一的，语言一向是纷歧的。拿纷歧的语言来写统一的文字，自然发生这种畸形的病象。因此训练白话文的基本技术，应有统一的语言，使纷歧的个别的语言先加以统一的技术训练。所以大原则就是训练白话文等于训练国语。所谓‘耳治’‘口治’‘目治’这诵读教学三部曲，日渐纯熟，则古人的‘一目十行’‘七步成诗’并非难事。”这一段记载嫌笼统，不能使我们确切地了解黎先生的意思，但他强调“作文与说话失去了联系，文字和语言脱了节”，强调“诵读教学”，值得我们注意。

所谓“作文与说话失去了联系”，是指写作白话文而言。照上下文看，“失去联系”似乎指作文过分欧化，或者夹杂方言。过分欧化自然和语言脱节，夹杂方言是拿“纷歧的个别的语言”来搅乱统一的国语，也就是和国语脱节。欧化是中国现代文化的一般动向，写作的欧化是跟一般文化配合着的。欧化自然难免有时候过分，但是这八九年来在写作方面的欧化似乎已经能够适可而止了。照上下文看，黎先生好像以文法组织严密为适当的欧化的标准。但是一般中国文法书都还在用那欧语的文法做蓝本，在这个意义之下的“文法组织严密”，也许倒会使欧化过分的。这种标准其实还得仔细研究，现时还定不下来。可是我们却能觉察到近些年写作的欧化的确是达到了适可而止的地步。虽然适可而止，欧化总还是欧化，写作和说话总还在脱节。这个要等时候，加上“诵读教学”的帮忙，会渐渐习惯成自然，那时候看上眼顺的，念上口也会顺了，那时候“耳治”“口治”“目治”就一致了。

夹杂方言却与欧化问题不一样。从写作的本人看无论是否中学生，他的文字里夹些方言，恐怕倒觉得合拍些。在读者一面，只要方言用得适当，也会觉得新鲜或别致。这不能算是脱节。我虽然赞成定北平话为标准语，却也欣赏纯方言或夹方言的写作。近些年用四川话写作的颇有几位作家，夹杂四川话或西南官话的写作更多，有些很不错。这个丰富了我们的写的语言；国语似乎该来个门户开放政策，才能成其为国语。

我倒觉察到一些学生作文，过分地依照自己的那“纷歧的个别的语言”，而不知道顾到“统一的文字”。这些学生的作文自己读自己听很顺，自己读别人听也顺，可是别人读就不顺了。他们不大用心诵读别人的文字，没有那“统一的文字”的意念，只让自己的语言支配着，所以就出了毛病。这些学生可都是相当的会说话的；要不然，他自己读的时候别人听起来也就不会觉得顺了。从一方面看，这是作文赶不上说话，算是脱节也未尝不可。这些学生该让他们多多用心诵读各家各派的文字；获得那“统一的文字”的调子或语脉——，叫文脉也成。这里就得“诵读教学”的重要了。

现在流行朗诵，朗诵对于说话和作文也有帮助，因为练习朗诵得咬嚼文字的意义，揣摩说话的神气。但是也许更着重在揣摩上。朗诵其实就是戏剧化，着重在动作上。这是一种特别的才能，有独立性；作品就是看来差些，朗诵家凭自己的才能也还会使听众赞叹的。诵读和朗读却不相同。称为“读”就着重在意义上，“读”字本作抽出意义解，读白话文该和宣读文件一般，自然也讲究疾徐高下，却以清朗为主，用不着什么动作。有些白话文有意用说话体，那就应该照话那么“说”；

“说”也是清朗为主，有时需要一些动作，也不多。白话文需要读的却比需要说的多得多，所以读、朗读或诵读更该注重。诵读似乎不难训练，读了白话文去背也并不难。只是一般教师学生用私塾念书的调子去读，或干脆不教学生读，以为不好读或不值得读。前者歪曲了白话文，后者也歪曲了白话文，所谓过犹不及。要增进学生了解和写作白话文的能力，是得从正确的诵读教学下手，黎先生的见解是不错的。

北平《新生报》，1946 年

语文学常谈

文字学从前称为“小学”。只是教给少年人如何识字，如何写字，所以称为“小学”。这原是实用的技术。后来才发展成为独立的学科，研究字形字音字义的演变。研究的人对这种演变这种历史的本身发生了兴趣，不再注重实用。这种文字学是语言学的一部分。语言学里又包括文法学。中国从前没有文法学，文法学是从西洋输入的。可是实用的文法技术我们也有：做文章讲虚实字，做诗讲对偶，都是的。直到前清末年，少年人学习做文做诗还是从使用虚字和对对子入手。“小学”起头早，诗文作法的讲究却远在其后；这由于时代的演变和进展，但起于实际的需要是相同的。所谓实际的需要固然是应试求官，识字的和会做诗文的能以应试求官；但从这里可以看出文字语言确是支配我们生活的要素之一，文字语言确是我们生活的一部分。从学术方面说，诗文作法没有地位，算不得学术，文法学也只是刚起头；文字学却已有了深厚的传统和广大的发展。但明白了语言文字的作用，就知道文法学是该有将来的。

现在文字学又分为形义和语音两支，各成一科，而关于义的研究又有独立为训诂学的趋势。文字形态部分经过甲骨文字和钟鼎文字的研究，比起专守许慎《说文解字》的时代有了长足的进步。语音部分发展更大，汉语之外，又研究非汉语的泰语和缅藏语，这样比较同系和近系的语言，不但广博，也可以更精确。这种用来比较的非汉语，都是调查得来的现代语。而汉语的研究也开了现代各地方言调查的一条大路。这种注重活的现代语，表示我们学术的兴趣伸展到了现代，虽然未必有关实用，可是跟现代的我们总近些了。其实也未必全然无关实用，非汉语的研究对边疆研究是有用处的。一方面研究活的现代语就不由地会注意到语法，这也促成了文法学的进步。训诂学更是刚起头。训字有顺文说解的意思，诂字是用现代语解说古代语的意思。按照“训诂”的字义和历来训诂的方法，训诂学虽然从字义的历史下手，也得注意到文法和现代语的，但是形态也罢，语音也罢，训诂也罢，文法也罢，都是从历史的兴趣开场，或早或迟渐渐伸展到现代；

从现代的兴趣开场伸展到历史的，似乎只有所谓意义学。

“意义学”这个名字是李安宅先生新创的，他用来表示英国人瑞恰慈和奥格登一派的学说。他们说语言文字是多义的。每句话有几层意思，叫作多义。唐代的皎然的《诗式》里说诗有几重旨，几重旨就是几层意思。宋代朱熹也说看诗文不但要识得文义，还要识得意思好处。这也就是“文外的意思”或“字里行间的意思”，都可以叫作多义。瑞恰慈也正是从研究现代诗而悟到多义的作用。他说语言文字的意义有四层：一是文义，就是字面的意思。二是情感，就是梁启超先生说的“笔锋常带情感”的情感。三是口气，好比公文里上行平行下行的口气。四是用意，一是一,二是二是一种用意，指桑骂槐，言在此而意在彼，又是一种用意。他从现代诗下手，是因为现代诗号称难懂，而难懂的缘故就因为一般读者不能辨别这四层意义，不明白语言文字是多义的。他却不限于说诗，而扩展到一般语言文字的作用。

他说听话读书如不能分辨这四层意义，就会不了解，甚至误解。不了解诗或误解诗，固然对自己的享受与修养有亏。不了解或误解某一些语言文字，往往更会误了大事，害了社会。即如关于一些抽象名词的争辩如“自由”“民主”等，就往往因为彼此不了解或误解而起，结果常是很严重的。他以为除科学的说明真乃一是一,二是二以外，一般的语言大都是多义的。因此他觉得兹事体大。瑞恰慈被认为科学的文学批评家，他的学说的根据是心理学。他说的语言文字的作用也许过分些，但他从活的现代语里认识了语言文字支配生活的力量，语言文字不是无灵的。他们这一派并没有立"意义学"的名目，所根据的心理学也未必是定论，意义学独立成为一科大概还早，但单刀直入地从现代生活下手研究语言文字，确是值得我们注意的。

北平《新生报》，1946 年

诵读教学与“文学的国语”

黎锦熙先生提倡国语的诵读教学，魏建功先生也提倡国语的诵读教学。魏先生是台湾国语推行委员会主任委员。他为“中国语文诵读方法座谈会”的事写信给我，说“台省国语事业与国文教学不能分离，而于诵读问题尤甚关切”。黎先生也曾说“训练白话文等于训练国语”，因而强调诵读教学。黎先生的话和魏先生的话合看，相得益彰。在语言跟国语大不相同的台湾省，才更见出诵读教学的重要来。国语对于现在的台湾同胞差不多是一种新的语言；学习新的语言，得从“说”入手；但是要同时学习“说”和“写”，就非注重诵读教学不可。

诵读教学在一般看来是注重了解和写作，黎先生的意见，据报上所记，正是如此。魏先生似乎更注重诵读对于说的效用，就是对于口语的效用。这一层是我们容易忽略的。我们现在学习外国语，一般的倒是从诵读入手，这是事实。照念的“说”出来，虽然不很流利，却也可以成话。这可见诵读可以帮助造成口语。但是我们学习国语，一般的是从“说”入手。这原是更有效的直接办法。不过在台湾这种直接法事实上恐怕一时不能普遍推行，所以就是撇开“写”单就“说”而论，也还得从诵读入手。我猜想魏先生的意思是如此。

我因此却想到一个更大的问题，就是“文学的国语”的问题。胡适之先生当年写的《建设的文学革命论》，提出“国语的文学，文学的国语”两个语。他说“文学的国语”要由“国语的文学”产生。这是不错的。到现在三十年了，“国语的文学”已经伸展到小公务员和小店员群众里，区域是很广大了，读众是很不少了，而“文学的国语”虽然也在成长中，却似乎慢些。就是接触国语文学最多最久的知识青年这阶层，在这三十年里口语上似乎也并没有变化多少，没有丰富多少，这比起国语文学的发达，简直可以说是配合不上。我想这种情形主要的是由于国语的文学有自觉的努力，而文学的国语只在自然的成长。现在是到了我们加以自觉的努力的时候了，这种自觉的努力就是诵读教学。

现在我们的白话文，就是国语文学用的文字，夹杂着一些文言和更多的欧化语式。文言本可上口，不成大问题；成问题的是欧化语式，一般人总觉得不能上口；加以非难。他们要的是顺：看起来顺眼，听起来顺耳，读起来顺口。这里是顺口第一；顺口自然顺耳，而到了顺耳，自然也就顺眼了。所以不断地有人提出“上口”来做白话文的标准。这自然有它的道理，白话本于口语，自然应该“上口”。但是从语言的成长而论，尤其从我们的“文学的国语”的成长而论，这个“上口”或“顺口”的标准却应该活用；有些新的词汇新的语式得给予时间让它们或教它们上口。这些新的词汇和语式，给予了充足的时间，自然就会上口；可是如果加以诵读教学的帮助，需要的时间会少些，也许会少得多。

语言是活的，老是在成长之中，随时吸收新的词汇和语式来变化它自己，丰富它自己。但这是自然而然，所以我们虽然常有些新语上口，却简直不觉得那些是新语。可是在大量新语同时来到的时候，我们就觉得了。清末的“新名词”的问题，就是因为“新名词”一涌而来，消化不了，所以大家才觉得那些是“新名词”，是不顺眼的“新名词”。但是那些“新名词”，如“手续”“取消”等，以及新语式如“有……必要”等，现在却早已成了口头熟语了。新名词越来越多，见惯不惊，也已经不成问题了。成问题的是欧化语式。但是反对欧化语式的似乎以老年人和中年人为多；在青年人间，只要欧化得不过分，他们倒愿意接受的。

青年人愿意接受欧化语式，主要的是阅读以及诵读的影响。这时代的青年人，大概在小学和初中时期就接触了白话文，而一般白话文多少都有些欧化。他们诵读一些，可是阅读的很多。高中到大学时期他们还是不断的在阅读欧化的白话文，并且阅读的也许更多。这样自然就愿意接受欧化的语式。只是由于诵读教学的不得法和无标准，他们接受欧化语式，阅读的影响实在比诵读的影响大得多。所以就是他们，也还只能多多接受欧化到笔下，而不能多多接受欧化到口头。白话文确是至今还不能完全上口。写好一篇稿子去演讲广播，照着念下去，自己总觉得有许多地方不顺口，怕人家听不明白。于是这里插进一些解释，那里换掉一些语式，于是白话和白话文还是两家子。说的语言和写的语言多少本有些距离，但是演讲或广播的语言应该近于写的语言，而不应该如我们的相距这么远。白话文像这样不能完全上口，我们的“文学的国语”是不能成立的。

现在我们叙述或讨论日常事项，因为词汇的关系，常常不自觉地采用一些欧化语式，但是范围不大。要配合着这种实际情形，加速“文学的国语”的成长，就得注重诵读教学，建立诵读的标准。如果从小学到初高中一直注重诵读，教师时常范读，学生时常练习，习惯自然，就会觉得白话文并不难上口。这班青年学生到了那时候就不但会接受新的白话文在笔下，并将接受新的白话到口头了。他们更将散布影响到一般社会里，这样会加速国语的成长，也会加速“文学的国语”的造成。诵读教学并不太难。第一得知道诵读就是读，不是吟，也不是唱。这是最简单的标准。第二得多练习，曲不离口，诵读也要如此。这是最简单的办法。过去的诵读教学，拿白话文来吟唱，自然不是味儿；因为不是味儿，也就不愿意多练习。现在得对症下药才成。

北平《新生报》，1946 年

论句子的主词及表句

本刊第一期拙作《新语言》文中说到："句子都有主词，'……是……的'句式的多量采用，更是普遍的现代化的现象。"本刊第十二期有吕叔湘先生《中国话里的主词及其他》一文，对于这句话有所指正。"句子都有主词"这一部分确是错的。当时心里是在记起像下面这类的例子：

我夜夜如此，听琴已成我的最重要工作。我曾一次想见你，在你那尾声过去之后，我蹑足走到你所在的大厅门口。但我忽而怕你正有着你的伴，我又怕你不愿你以外的人曾听你的琴声；这样，我又在冷空气中空虚地跑回我房。

这是我教过的高级作文班一个学生的习作。除了第二个分句之外，每个分句都有主词“我”字。这里并不想用这个例子来辩护，只想表示现代文句似乎有多用主词的倾向。这一点我现在还是相信着。

这个趋势与标点符号的应用关系很大。因为用了标点符号，我们有了新的“句”的观念。我们有了现代化的“句”的观念。这叫我们看重主词、多用主词。这可以从反面证明。我们用标点符号去标点旧文言，甚至旧白话，往往感到有些地方没法标点下去，怎么也不贴切似的。这就是因为那些写作者，那些语言里，没有我们现代人的文法观念的缘故。日本谷崎润一郎的《文章读本》里指出日本的现代文与古典文有三个不同之处；其中第二句读显明，第三多用主词（一五六面），也正是我国现代文与旧文言，旧白话的不同之处。吕先生文中举过《世说新语》的一个例，说，“这一段译成白话，至少有好几处得把所缺主词或受词补出来。”照吕先生在所引文中所留的主词的空格看，他这句里所谓“白话”，似乎不是旧白话而是现代化的白话文；那么，这也是现代文多用主词的一个好证明了。

现在还有些人不大会用标点符号，先写好了文字，再去标点起来。这真是所谓“加”标点了。后“加”标点的文字里，往往留着旧白话的影子，我在近来所教的作文班的习作里常遇到这种例。且随便举一个：

后来（我们母子）又到蒙馆去请求再展期五天（交费）。（我们）不独未蒙（塾师）许可，（塾师）且大骂我们没有良心，叫同学将我的东西抛出馆外。

这儿两句中不见一个主词，正是旧白话的结构。但第一句和第二句的第一第三分句，各与前句（第一句的前句未引）或前一分句共一主词，不写出主词，还是清楚的；第二句的第二分句与前一分句并不共一主词，不将主词写出，就不大清楚了。这是旧结构的短处。随便翻开手边的《水浒传》，看见这样的句子：

（我们）如此犯下大罪，闹了两座州城，（他们）必然申奏去了。

晁盖叫众多小喽罗参拜了新头领李俊等，（小喽罗）都参见了。（均见百二十回本第四十一回）

也许有人觉得这也够清楚的：但我们的要求是更清楚些。

旧结构也有因为主词不清楚而弄错了意义的。《日知录·文章繁简》节有云：

《黄氏日抄》言苏子由《古史》改《史记》，多有不当。如《樗里子传》，《史记》曰，“母，韩女也。樗里子滑稽多智。”《古史》曰，“母，韩女也。滑稽多智。”似以母为滑稽矣。然则“樗里子”三字，其可省乎。《甘茂传》，《史记》曰，“甘茂者，下蔡人也。事下蔡史举，学百家之说。”《古史》曰，“下蔡史举，学百家之说。”似史举自学百家矣。然则“事”之一字，其可省乎。以是知文不可以省字为工。字而可省，太史公省之久矣。

用现代的术语说，这里第一例是省略主词的错误，第二例是省略动词的错误；而第二例的省略动词，也就不看重主词。苏辙当然不会有“主词”“动词”这一套文法观念；顾炎武也还是没有，所以只笼统地说是“省字”。但由这两个例可以看出，就是在旧结构里，主词也还是重要的。

能用标点符号的人，将标点符号当作文字的一部分，不当作文字外的东西。他们写作时，随着句读标点下去；这是“用”进去，不是“加”上去。这些人的文字，现代化的成分大概要多些。标点符号和从前的圈点或句读符号不一样。后者只是加在文字上，帮助读者的了解；对于文字的关系是机械的。前者却是用在文字里，帮助写作者表达情思；对于文字的关系是有机的。标点符号无疑的比句读符号复杂得多、精密得多，现代化的语言是比旧文言旧白话复杂得多、精密得多。可是话说回来，现代化是点点滴滴的改变。不是突然的、全盘的改变。文法的现代化，尤其如此。用了标点符号的现代文化，文法上是不会全盘改成新样式的。这里有些是因为国语的容受量或消化力的缘故，有些是因为习惯——也就是吕先生说的“风趣或力量”——的缘故。国语对于种种新样式的消化力或容受量，还待详密研究，暂时不能具体说明。吕先生所举的不要主词的例子，有些似乎该从这个角度看。至于习惯，就是旧样式的沿用，却是一眼就看出的。即以主词而论，现代化的语言里，还夹杂着一些不写出主词的句子，便是习惯的影响，也是“风趣或力量”的影响。吕先生说到避免“自我主义”，便是这种影响之一。

吕先生指出拙作《新语言》中一些不写出主词的句子。这确可以证明“句子都有主词”那句话是错的；那句话的错，我已经说过了。我所以不在这一些句子里写出主词，当时是不觉得的，现在想来，正是习惯的影响，“风趣或力量”的影响。这可以叫作“熟语化”。现代写作的人，大约不止我一个，似乎都多多少少徘徊于所谓“欧化”与熟语化两条路中间。他们求清楚，不得不“欧化”；他们求亲切，又不得不熟语化。亲切也便是“风趣或力量”。怎样才能教“欧化”与熟语化调和得恰到好处，还待研究和练习。这是留心语言现代化的人所应当努力的。不过就主词而论，我总相信多用主词是现代化的语言的一个主要的倾向。

吕先生又指出拙作里没有尽量采用“……是……的”句式。他所举的例子中间，“却很大方”和“都很新鲜”两句，原稿本来用“是……的”句式，是后来改了的。改的原因是怕同一句式太多，显得单调。这种求变化，也是“风趣或力量”的影响。我所谓“尽量”的“量”，是将这种影响除外的，和吕先生的解释不同。关于“……是……的”这一句式的本身，我也还是相信它“是表现分析的精神的”。但得声明，这是参用一个日本人的意见，他说“花儿是美丽”“这句子比说‘花美’时显然更加分析的判断化了。”（长濑诚《中国文学与用语》，拙译见《大公报·文艺》，二十五年一月十二日）但我觉得“花儿是美丽”，只是加重的语气；“花儿是美丽的”似乎才是“分析的判断化”。“花美”的“美”若看作形容词，这句子自然是表句；可是若照黎锦熙先生“国语文法”的看法，将“美”当作“同动词”，这句子便不是表句而是述句了。所以在《新语言》里，我表示过这种句子的性质是不分明的。“花儿是美丽的”这句子比起“花美”来，就不一样。这里述词改了带“的”尾的形容词，又在主词述词中间加进一个系词作媒介，表句的性质便确定了。现代语言学者虽不很恭维“一句三分”的办法，如吕先生所说，但要解释这两种句式的不同之处，似乎还用得着它。

吕先生说“……是……的”句式原是加重的语气。可是“因为‘是’和‘的’常常连用，（‘这间屋子是我的’‘这间屋子是我住的’‘这间屋子是烧砖砌的’）因此产生一种类推作用，‘是’会把‘的’牵出来，‘的’也会把‘是’拉出来。”这样多量采用“……是……的”句式的结果，我们语言里早已备有“消灭它的语气作用的趋势”，不是在现代化的语言里才如此。他又说：

现在我们已经制造了并且正在制造着，许多从名词或动词转成的形容词，是不得不加“的”的，而这个“的”字又非把“是”字拉出不可。我们不能说：“这个计划——空想的”，我们说：“这个计划是空想的”。这一类新的形容词天天在增加，……应用这些新形容词（即有“的”尾的）作表句所产生“A 是 B 的”方式，也许会有一天把旧形容词（即原无“的”尾的）全卷进去。可是倘若有这一天，那也是中国语循着某种语言演变原理（加语尾以变词性：类推作用）所生的结果，和分析精神是没有什么关涉的。

吕先生指出带“的”尾的新形容词的增加和对于旧形容词

的影响，是很精辟的见解。但对于上面所引的话，我还有两点不同的意见：一是“……是……的”句式原来并非全是加重的语气；二是“类推作用”的解释有时候还不充足。

“……是……的”句式本有两类。一类是加重的语气。如吕先生文中所举“银子是‘白’的，人的眼珠是‘黑’的”，又“无论心中怎么急，他的动作是‘慢’的”(老舍《黑白李》)。这里述词是形容词。又如同文所举“我是‘今天才见着’的”，及“做了女人总是‘要出嫁’的”(《红楼梦》)。这里是述句的表句化，可以还原到述句。另一类不是加重的语气。如同文所举的“这间屋子是我的”。“我的”是带“的”尾的领格；这种句子也像吕先生所说，“的”和“是”是牵拉着的，就是有机的。又如同文所举“这间屋子是我住的”，“这间屋子是烧砖砌的”。这些不是述句的表句化，虽然也可化成特殊的述句；(如前例可化成“这间屋子，我住”，已经是倒装的加重语气；后例可化成“这间屋子烧砖砌”，像通俗韵文里的……子)这是用带“的”尾分句为述词的表句。这一类本不是加重的语气，无所谓“消灭语气作用”与否。

现代化的语言里多量采用的似乎只是前一类本是加重语气的“……是……的”句式。这又有两个方向。第一是多用“天天在增加”的新形容词作表句，因而也就多用旧形容词作表句。这都是现代文中才有的现象，吕先生似乎已经承认了。

他用“类推作用”从形态上说明这现象。对于新形容词的表句，这个说明是充足的。那些新形容词“天天在增加”虽然似乎也是分析的精神的表现，但在新形容词的表句中，“的”和“是”是有机的联系，是形态的必然；从形态上说明，自然是充足的。那些旧形容词的表句却就不然。这种句子里的“是”和“的”并不是有机的；像“花美”，不用“是……的”，也还能成一个完整的句子。这种句子确是新形容词的表句的影响，因此确已消灭了原来的加重语气。既不是形态的必然，也不是语气的加重，这种句子存在的理由，除“类推作用”外，似乎还该有些别的。上文说过，这种句子将原来表句述句性质不分明的句子确定为表句；我还相信它们“是表现分析的精神的”。现代文里又多量采用述句的表句化，却保存着那种句子原来的加重语气。这种多量采用，也可拿“类推作用”作充足的说明，和分析精神确是没有什么关涉的。

1939 年 7 月 13 日

第三辑
雅俗共赏

在国文教学、教师准备时，必须字字查清楚、弄明白。学生呢，在学习时也必须字字求了解。这与一般不求甚解的态度刚好相反。然而不求甚解的那份能力正是经过分章析句的学习过程而得到的，必须有了咬文嚼字的教学培养后，才能真正达到那种不求甚解的境界；没有经过一番文字分析的训练，欲不求甚解，也不易得呢。

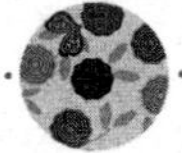

论雅俗共赏

陶渊明有“奇文共欣赏，疑义相与析”的诗句，那是一些“素心人”的乐事，“素心人”当然是雅人，也就是士大夫。这两句诗后来凝结成“赏奇析疑”一个成语，“赏奇析疑”是一种雅事，俗人的小市民和农家子弟是没有份儿的。然而又出现了“雅俗共赏”这一个成语，“共赏”显然是“共欣赏”的简化，可是这是雅人和俗人或俗人跟雅人一同在欣赏，那欣赏的大概不会还是“奇文”罢。这句成语不知道起于什么时代，从语气看来，似乎雅人多少得理会到甚至迁就着俗人的样子，这大概是在宋朝或者更后罢。

原来唐朝的安史之乱可以说是我们社会变迁的一条分水岭。在这之后，门第迅速地垮了台，社会的等级不像先前那样固定了，“士”和“民”这两个等级的分界不像先前的严格和清楚了，彼此的分子在流通着，上下着。而上去的比下来的多，士人流落民间的究竟少，老百姓加入士流的却渐渐多起来。王侯将相早就没有种了，读书人到了这时候也没有种了；只要家里能够勉强供给一些，自己有些天分，又肯用功，就是个“读书种子”；去参加那些公开的考试，考中了就有官做，至少也落个绅士。这种进展经过唐末跟五代的长期的变乱加了速度，到宋朝又加上印刷术的发达，学校多起来了，士人也多起来了，士人的地位加强，责任也加重了。这些士人多数是来自民间的新的分子，他们多少保留着民间的生活方式和生活态度。他们一面学习和享受那些雅的，一面却还不能摆脱或蜕变那些俗的。人既然很多，大家是这样，也就不觉其寒碜；不但不觉其寒碜，还要重新估定价值，至少也得调整那旧来的标准与尺度。“雅俗共赏”似乎就是新提出的尺度或标准，这里并非打倒旧标准，只是要求那些雅士理会到或迁就些俗士的趣味，好让大家打成一片。当然，所谓“提出”和“要求”，都只是不自觉的看来是自然而然的趋势。

中唐的时期，比安史之乱还早些，禅宗的和尚就开始用口语记录大师的说教。用口语为的是求真与化俗，化俗就是争取群众。安史乱后，和尚的口语记录更其流行，于是乎有了“语录”这个名称，“语录”就成为一种著述体了。到了宋朝，道学家讲学，更广泛地留下了许多语录；他们用语录，也还是为了求真与化俗，还是为了争取群众。所谓求真的“真”，一面是如实和直接的意思。禅家认为第一义是不可说的，语言文字都不能表达那无限的可能，所以是虚妄的。然而实际上语言文字究竟是不免要用的一种“方便”，记录文字自然越近实际的、直接的说话越好。在另一面这“真”又是自然的意思，自然才亲切，才让人容易懂，也就是更能收到化俗的功效，更能获得广大的群众。道学主要的是中国的正统的思想，道学家用了语录做工具，大大地增强了这种新的文体的地位，语录就成为一种传统了。比语录体稍稍晚些，还出现了一种宋朝叫作“笔记”的东西。这种作品记述有趣味的杂事，范围很宽，一方面发表作者自己的意见，所谓议论，也就是批评，这些批评往往也很有趣味。作者写这种书，只当作对客闲谈，并非一本正经，虽然以文言为主，可是很接近说话。这也是给大家看的，看了可以当作“谈助”，增加趣味。宋朝的笔记最发达，当时盛行，流传下来的也很多。目录家将这种笔记归在“小说”项下，近代书店汇印这些笔记，更直题为“笔记小说”；中国古代所谓“小说”，原是指记述杂事的趣味作品而言的。

那里我们得特别提到唐朝的“传奇”。“传奇”据说可以见出作者的“史才、诗笔、议论”，是唐朝士子在投考进士以前用来送给一些大人先生看，介绍自己，求他们给自己宣传的。其中不外乎灵怪、艳情、剑侠三类故事，显然是以供给“谈助”，引起趣味为主。无论照传统的意念，或现代的意念，这些“传奇”无疑的是小说，一方面也和笔记的写作态度有相类之处。照陈寅恪先生的意见，这种“传奇”大概起于民间，文士是仿作，文字里多口语化的地方。陈先生并且说唐朝的古文运动就是从这儿开始。他指出古文运动的领导者韩愈的《毛颖传》，正是仿“传奇”而作。我们看韩愈的“气盛言宜”的理论和他的参差错落的文句，也正是多多少少在口语化。他的门下的“好难”、“好易”两派，似乎原来也都是在试验如何口语化。可是“好难”的一派过分强调了自己，过分想出奇制胜，不管一般人能够了解欣赏与否，终于被人看做“诡”和“怪”而失败，于是宋朝的欧阳修继承了“好易”的一派的努力而奠定了古文的基础。——以上说的种种，都是安史乱后几百年间自然的趋势，就是那雅俗共赏的趋势。

宋朝不但古文走上了“雅俗共赏”的路，诗也走向这条路。胡适之先生说宋诗的好处就在“做诗如说话”，一语破的指出了这条路。自然，这条路上还有许多曲折，但是就像不好懂的黄山谷，他也提出了“以俗为雅”的主张，并且点化了许多俗语成为诗句。实践上“以俗为雅”，并不从他开始，梅圣俞、苏东坡都是好手，而苏东坡更胜。据记载梅和苏都说过

“以俗为雅”这句话，可是不大靠得住；黄山谷却在《再次杨明叔韵》一诗的“引”里郑重地提出“以俗为雅，以故为新”，说是“举一纲而张万目”。他将“以俗为雅”放在第一，因为这实在可以说是宋诗的一般作风，也正是“雅俗共赏”的路。但是加上“以故为新”，路就曲折起来，那是雅人自赏，黄山谷所以终于不好懂了。不过黄山谷虽然不好懂，宋诗却终于回到了“做诗如说话”的路，这“如说话”，的确是条大路。

雅化的诗还不得不回向俗化，刚刚来自民间的词，在当时不用说自然是“雅俗共赏”的。别瞧黄山谷的有些诗不好懂，他的一些小词可够俗的。柳耆卿更是个通俗的词人。词后来虽然渐渐雅化或文人化，可是始终不能雅到诗的地位，它怎么着也只是“诗馀”。词变为曲，不是在文人手里变，是在民间变的；曲又变得比词俗，虽然也经过雅化或文人化，可是还雅不到词的地位，它只是“词馀”。一方面从晚唐和尚的俗讲演变出来的宋朝的“说话”就是说书，乃至后来的平话以及章回小说，还有宋朝的杂剧和诸宫调等等转变成功的元朝的杂剧和戏文，乃至后来的传奇，以及皮簧戏，更多半是些“不登大雅”的“俗文学”。这些除元杂剧和后来的传奇也算是“词馀”以外，在过去的文学传统里简直没有地位；也就是说这些小说和戏剧在过去的文学传统里多半没有地位，有些有点儿地位，也不是正经地位。可是虽然俗，大体上却“俗不伤雅”，虽然没有什么地位，却总是“雅俗共赏”的玩艺儿。

“雅俗共赏”是以雅为主的，从宋人的“以俗为雅”以及常语的“俗不伤雅”，更可见出这种宾主之分。起初成群俗士蜂拥而上，固然逼得原来的雅士不得不理会到甚至迁就着他们的趣味，可是这些俗士需要摆脱的更多。他们在学习，在享受，也在蜕变，这样渐渐适应那雅化的传统，于是乎新旧打成一片，传统多多少少变了质继续下去。前面说过的文体和诗风的种种改变，就是新旧双方调整的过程，结果迁就的渐渐不觉其为迁就，学习的也渐渐习惯成了自然，传统的确稍稍变了质，但是还是文言或雅言为主，就算跟民众近了一些，近得也不太多。

至于词曲，算是新起于俗间，实在以音乐为重，文辞原是无关轻重的；“雅俗共赏”，正是那音乐的作用。后来雅士们也曾分别将那些文辞雅化，但是因为音乐性太重，使他们不能完成那种雅化，所以词曲终于不能达到诗的地位。而曲一直配合着音乐，雅化更难，地位也就更低，还低于词一等。可是词曲到了雅化的时期，那“共赏”的人却就雅多而俗少了。真正“雅俗共赏”的是唐、五代、北宋的词，元朝的散曲和杂剧，还有平话和章回小说以及皮簧戏等。皮簧戏也是音乐为主，大家直到现在都还在哼着那些粗俗的戏词，所以雅化难以下手，虽然一二十年来这雅化也已经试着在开始。平话和章回小说，传统里本来没有，雅化没有合适的榜样，进行就不易。《三国演义》虽然用了文言，却是俗化的文言，接近口语的文言，后来的《水浒》《西游记》《红楼梦》等就都用白话了。不能完全雅化的作品在雅化的传统里不能有地位，至少不能有正经的地位。雅化程度的深浅，决定这种地位的高低或有没有，一方面也决定“雅俗共赏”的范围的小和大——雅化越深，“共赏”的人越少，越浅也就越多。所谓多少，主要的是俗人，是小市民和受教育的农家子弟。在传统里没有地位或只有低地位的作品，只算是玩艺儿；然而这些才接近民众，接近民众却还能教“雅俗共赏”，雅和俗究竟有共通的地方，不是不相理会的两橛了。

单就玩艺儿而论，“雅俗共赏”虽然是以雅化的标准为主，“共赏”者却以俗人为主。固然，这在雅方得降低一些，在俗方也得提高一些，要“俗不伤雅”才成；雅方看来太俗，以至于“俗不可耐”的，是不能“共赏”的。但是在什么条件之下才会让俗人所“赏”的，雅人也能来“共赏”呢？我们想起了“有目共赏”这句话。孟子说过“不知子都之姣者，无目者也”，“有目”是反过来说，“共赏”还是陶诗“共欣赏”的意思。子都的美貌，有眼睛的都容易辨别，自然也就能“共赏”了。孟子接着说：“口之于味也，有同嗜焉；耳之于声也，有同听焉；目之于色也，有同美焉。”这说的是人之常情，也就是所谓人情不相远。但是这不相远似乎只限于一些具体的、常识的、现实的事物和趣味。譬如北平罢，故宫和颐和园，包括建筑，风景和陈列的工艺品，似乎是“雅俗共赏”的，天桥在雅人的眼中似乎就有些太俗了。说到文章，俗人所能“赏”的也只是常识的，现实的。后汉的王充出身是俗人，他多多少少代表俗人说话，反对难懂而不切实用的辞赋，却赞美公文能手。公文这东西关系雅俗的现实利益，始终是不曾完全雅化了的。再说后来的小说和戏剧，有的雅人说《西厢记》诲淫，《水浒传》诲盗，这是“高论”。实际上这一部戏剧和这一部小说都是“雅俗共赏”的作品。《西厢记》无视了传统的礼教，《水浒传》无视了传统的忠德，然而“男女”是“人之大欲”之一，“官逼民反”，也是人之常情，梁山泊的英雄正是被压迫的人民所想望的。俗人固然同情这些，一部分的雅人，跟俗人相距还不太远的，也未尝不高兴这两部书说出了他们想说而不敢说的。这可以说是一种快感，一种趣味，可并不是低级趣味；这是有关系的，也未尝不是有节制的。“诲淫”“诲盗”只是代表统治者的利益的说话。

十九世纪二十世纪之交是个新时代，新时代给我们带来了新文化，产生了我们的知识阶级。这知识阶级跟从前的读书人不大一样，包括了更多的从民间来的分子，他们渐渐跟统治者拆伙而走向民间。于是乎有了白话正宗的新文学，词曲和小说戏剧都有了正经的地位。还有种种欧化的新艺术。这种文学和艺术却并不能让小市民来“共赏”，不用说农工大众。于是乎有人指出这是新绅士也就是新雅人的欧化，不管一般人能够了解欣赏与否。他们提倡“大众语”运动。但是时机还没有成熟，结果不显著。抗战以来又有“通俗化”运动，这个运动并已经在开始转向大众化。“通俗化”还分别雅俗，还是“雅俗共赏”的路，大众化却更进一步要达到那没有雅俗之分，只有“共赏”的局面。这大概也会是所谓由量变到质变罢。

论通俗化

文体通俗化运动起于清朝末年。那时维新的士人急于开通民智，一方面创了报章文体，所谓“新文体”，给受过教育的人说教，一方面用白话印书办报，给识得些字的人说教，再一方面推行官话字母等给没有受过教育的人说教。前两种都是文体的通俗化，后一种虽然注重在新的文字，但就写成的文体而论，也还是通俗化。

这种用字母拼写的文体，在当时所能表现的题材大概是有限的。据记载，这种字母的确曾经深入农村，农民会用字母来写便条，那大概是些很简单的话。最复杂的自然的“新文体”，可是通俗性大概也就比较的最小。居中的是那些白话书报。这种白话我看到的不多，就记得的来说，好像明白详尽，老老实实，直来直去。好像从语录和白话小说化出；我们这些人读起来大概没有什么味儿。

原来这种白话只是给那些识得些字的人预备的，士人们自己是不屑用的。他们还在用他们的“雅言”，就是古文，最低限度也得用“新文体”，俗语的白话只是一种慈善文体罢了。然而革命了，民国了，新文学运动了，胡适之先生和陈独秀先生主张白话是正宗的文学用语，大家该一律用白话作文，不该有士和民的分别。五四运动加速了新文学运动的成功，白话真的成为正宗的文学用语。而“新文体”也渐渐的在白话化，留心报纸的文体就可以知道。“一律用白话来作文”的日子大概也不远了。

胡先生等提倡的白话，大概还是用语录和白话小说等做底子，只是这时代的他们接受了西化，思想精密了，文章也简洁了。他们将雅俗一元化，而注重在“明白”或“懂得性”上，这也可以说是平民化。然而“欧化”来了，“新典主义”来了。这配合着第一次世界大战给中国带来的暂时的繁荣，和在这繁荣里知识阶级生活欧化或现代化的趋向，也是“势有必至，理有固然。”于是乎已故的宋阳先生指出这是绅士们的白话，他提倡“大众语”，这当儿更有人提倡拼音的“新文字”。这不是通俗化而是大众化。而大众就是大众，再没有“雅”的份儿。

然而那时候这还只能够是理想；大众不能写作，写作的还只是些知识分子。于是乎先试验着从利用民间的旧形式下手，抗战后并且有过一回民族形式的讨论。讨论的结果似乎是：民族形式可以利用，但是还接受“五四”的文学传统，还容许相当的欧化。这时候又有人提倡“通俗文学”，就是利用民族形式的文学。不但提倡，并且写作。参加的人有些的确熟悉民族形式，认真地做去。但是他们将通俗文学和一般文学分开，不免落了“雅俗”的老套子。于是有人指出，通俗文学的目标该是一元的；扬弃知识阶级的绅士身分，提高大众的鉴赏水准，这样打成一片，平民化，大众化。

但是说来容易做来难。民间文学虽然有天真、朴素、健康等长处，却也免不了丑角气氛，套语烂调，琐屑罗嗦等毛病。这是封建社会麻痹了民众才如此的。利用旧形式而要免去这些毛病，的确很难。除非民众的生活大大地改变，他们自己先在旧瓶里装上新酒，那么用起旧形式来意义才会不同。这自然还是从知识分子方面看，因为从民众里培养出作家，现在还只是理想。不过就是民众生活改变了，知识分子还得和他们共同生活一个时期，多少打成一片，用起旧形式来，才能有血有肉。所以真难。

再说普通所谓旧形式，大概指的是韵文，散文似乎只是说书：这就是说散文是比较的不发达的。原来民众欣赏文艺，一向以音乐性为主，所以对韵文的要求大。他们要故事，但是情节得简单，得有头有尾。描写不要精细曲折，可是得详尽，得全貌。这两种要求并不冲突，因为情节尽管简单，每一个情节或人物还不妨详尽地描写。至于整个故事组织不匀称，他们倒不在乎的。韵文故事如此，散文的更得如此，这就难。

然而有些地方的民众究竟大变了，他们自己先在旧瓶里装上新酒，例如赵树理先生《李有才板话》里的那些段“快板”的语句。这些快板也许多少经过赵先生的润色，但是相信他根据的，原来就已经是旧瓶里的新酒。有了那种生活，才有那种农民，才有那种快板，才有快板里那种新的语言。赵先生和那些农民共同生活了很久，也才能用新的语言写出书里的那些新的故事。这里说“新的语言”，因为快板和那些故事的语言或文体都尽量扬弃了民族形式的封建气氛，而采取了改变中的农民的活的口语。自己正在觉醒的人民，特别宝爱自己的语言，但是李有才这些人还不能自己写作，他们需要赵先生这样的代言人。

书里的快板并不多，是以散文为主。朴素，健康，而不过火，确算得新写实主义的作风。故事简单，有头有尾，有血有肉。描写差不多没有，偶然有，也只就那农村生活里取喻，简截了当，可是新鲜有味。另有长篇《李家庄的变迁》，也是赵先生写的。周扬先生认为赶不上《板话》里那些短篇完整。

这里有了比较详尽的描写，故事也有头有尾，虽然不太简单，可是作者利用了重复的手法，就觉得也还单纯。这重复的手法正是主要的民族形式：作者能够活用，就不腻味。而全书文体或语言还能够庄重，简明，不罗嗦。这也就不易了。这的确是在结束通俗化而开始了大众化。

《燕京新闻》，1947 年

什么是文学?

什么是文学?大家愿意知道,大家愿意回答,答案很多,却都不能成为定论。也许根本就不会有定论,因为文学的定义得根据文学作品,而作品是随时代演变,随时代堆积的。因演变而质有不同,因堆积而量有不同,这种种不同都影响到什么是文学这一问题上。比方我们说文学是抒情的,但是像宋代说理的诗,十八世纪英国说理的诗,似乎也不得不算是文学。又如我们说文学是文学,跟别的文章不一样,然而就像在中国的传统里,经史子集都可以算是文学。经史子集堆积得那么多,文士们都钻在里面生活,我们不得不认这些为文学。当然,集部的文学性也许更大些。现在除经史子集外,我们又认为元明以来的小说戏剧是文学。这固然受了西方的文学意念的影响，但是作品的堆积也多少在逼迫着我们给它们地位。明白了这种种情形，就知道什么是文学这问题大概不会有什么定论，得看作品看时代说话。

新文学运动初期，运动的领导人胡适之先生曾答复别人的问，写了短短的一篇《什么是文学？》。这不是他用力的文章，说的也很简单，一向不曾引起多少注意。他说文字的作用不外达意表情，达意达得好，表情表得妙就是文学。他说文学有三种性：一是懂得性，就是要明白。二是逼人性，要动人。三是美，上面两种性联合起来就是美。这里并不特别强调文学的表情作用；却将达意和表情并列，将文学看作和一般文章一样，文学只是“好”的文章、“妙”的文章、“美”的文章罢了。而所谓“美”就是明白与动人，所谓三种性其实只是两种性。“明白”大概是条理清楚，不故意卖关子；“动人”大概就是胡先生在《谈新诗》里说的“具体的写法”。当时大家写作固然用了白话，可是都求其曲，求其含蓄。他们注重求暗示，觉得太明白了没有馀味。至于“具体的写法”，大家倒是同意的。只是在《什么是文学？》这一篇里，“逼人”“动人”等语究竟太泛了，不像《谈新诗》里说的“具体的写法”那么“具体”，所以还是不能引人注意。

再说当时注重文学的型类，强调白话诗和小说的地位。白话新诗在传统里没有地位，小说在传统里也只占到很低的地位。这儿需要斗争，需要和只重古近体诗与骈散文的传统斗争。这是工商业发展之下新兴的知识分子跟农业的封建社会的士人的斗争，也可以说是民主的斗争。胡先生的不分型类的文学观，在当时看来不免历史癖太重，不免笼统，而不能鲜明自己的旗帜，因此注意他这一篇短文的也就少。文学型类的发展从新诗和小说到了散文——就是所谓美的散文，又叫作小品文的。虽然这种小品文以抒情为主，是外来的影响，但是跟传统的骈散文的一部分却有接近之处。而文学包括这种小说以外的散文在内，也就跟传统的文的意念包括骈散文的有了接近之处。小品文之后有杂文。杂文可以说是继承“随感录”的，但从它的短小的篇幅看，也可以说是小品文的演变。小品散文因应时代的需要从抒情转到批评和说明上，但一般还认为是文学，和长篇议论文说明文不一样。这种文学观就更跟那传统的文的意念接近了。而胡先生说的什么是文学也就值得我们注意了。

传统的文的意念也经过几番演变。南朝所谓“文笔”的文，以有韵的诗赋为主，加上些典故用得好，比喻用得妙的文章；昭明《文选》里就选的是这些。这种文多少带着诗的成分，到这时可以说是诗的时代。宋以来所谓“诗文”的文，却以散文就是所谓古文为主，而将骈文和辞赋附在其中。这可以说是到了散文时代。现代中国文学的发展，虽只短短的三十年，却似乎也是从诗的时代走到了散文时代。初期的文学意念近于南朝的文的意念，而与当时还在流行的传统的文的意念，就是古文的文的意念，大不相同。但是到了现在，小说和杂文似乎占了文坛的首位，这些都是散文，这正是散文时代。特别是杂文的发展，使我们的文学意念近于宋以来的古文家而远于南朝。胡先生的文学意念，我们现在大概可以同意了。

英国德来登早就有知的文学和力的文学的分别，似乎是日本人根据了他的说法而仿造了“纯文学”和“杂文学”的名目。好像胡先生在什么文章里不赞成这种不必要的分目。但这种分类虽然好像将表情和达意分而为二，却也有方便处。比方我们说现在杂文学是在和纯文学争着发展。这就可以见出这时代文学的又一面。杂文固然是杂文学，其他如报纸上的通讯，特写，现在也多数用语体而带有文学意味了，书信有些也如此。甚至宣言，有些也注重文学意味了。这种情形一方面见出一般人要求着文学意味，一方面又意味着文学在报章化。清末古文报章化而有了“新文体”，达成了开通民智的使命。现代文学的报章化，该是德先生和赛先生的吹鼓手罢。这里的文学意味就是“好”，就是“妙”，也就是“美”；却决不是卖关子，而正是胡先生说的“明白”“动人”。报章化要的是来去分明，不躲躲闪闪的。杂文和小品文的不同处就在它的明快，不大绕弯儿，甚至简直不绕弯儿。具体倒不一定。叙事写景要具体，不错。说理呢，举例子固然要得，但是要言不烦，或简截了当也就是干脆，也能够动人。使人威固然是动人，使人信也未尝不是动人。不过这样解释着胡先生的用语，他也许未必同意罢？

北平《新生报》，1946 年

文学的标准与尺度

我们说“标准”，有两个意思。一是不自觉的，一是自觉的。不自觉的是我们接受的传统的种种标准。我们应用这些标准衡量种种事物种种人，但是对这些标准本身并不怀疑，并不衡量，只照样接受下来，作为生活的方便。自觉的是我们修正了的传统的种种标准，以及采用的外来的种种标准。这种种自觉的标准，在开始出现的时候大概多少经过我们的衡量；而这种衡量是配合着生活的需要的。本文只称不自觉的种种标准为“标准”，改称种种自觉的标准为“尺度”，来显示这两者的分别。“标准”原也离不了尺度，但尺度似乎不像标准那样固定；近来常说“放宽尺度”，既然可以“放宽”，就不是固定的了。这种“标准”和“尺度”的分别，在一个变得快的时代最容易觉得出：在道德方面在学术方面如此，在文学方面也如此。

中国传统的文学以诗文为正宗，大多数出于士大夫之手。士大夫配合君主掌握着政权。做了官是大夫，没有做官是士；士是候补的大夫。君主士大夫合为一个封建集团，他们的利害是共同的。这个集团的传统的文学标准，大概可用“儒雅风流”一语来代表。载道或言志的文学以“儒雅”为标准，缘情与隐逸的文学以“风流”为标准。有的人“达则兼济天下，穷则独善其身”，表现这种情志的是载道或言志。这个得有“正其谊不谋其利，明其道不计其功”的抱负，得有“怨而不怒”“温柔敦厚”的涵养，得用“熔经铸史”“含英咀华”的语言。这就是“儒雅”的标准。有的人纵情于醇酒妇人，或寄情于田园山水，表现这种种情志的是缘情或隐逸之风。这个得有“妙赏”“深情”和“玄心”，也得用“含英咀华”的语言。这就是“风流”的标准。（关于“风流”的解释，用冯友兰先生语，见《论风流》一文中。）

在现阶段看整个的传统的文学，我们可以说“儒雅风流”是标准。但是看历代文学的发展，中间还有许多变化。即如诗本是“言志”的，陆机却说“诗缘情而绮靡”。“言志”其实就是“载道”，与“缘情”大不相同。陆机实在是用了新的尺度。“诗言志”这一个语在开始出现的时候，原也是一种尺度；后来得到公认而流传，就成为一种标准。说陆机用了新的尺度，是对“诗言志”那个旧尺度而言。这个新尺度后来也得到公认而流传，成为又一种标准。又如南朝文学的求新，后来文学的复古，其实都是在变化；在变化的时候也都是用着新的尺度。固然这种新尺度大致只伸缩于“儒雅”和“风流”两种标准之间，但是每回伸缩的长短不同，疏密不同，各有各的特色。文学史的扩展从这种种尺度里见出。

这种尺度表现在文论和选集里，也就是表现在文学批评里。中国的文学批评以各种形式出现。魏文帝的“论文”是在一般学术的批评的《典论》里，陆机《文赋》也许可以说是独立的文学批评的创始，他将文作为一个独立的课题来讨论。此后有了选集，这里面分别体类，叙述源流，指点得失，都是批评的工作。又有了《文心雕龙》和《诗品》两部批评专著。还有史书的文学传论，别集的序跋和别集中的书信。这些都是比较有系统的文学批评，各有各的尺度。这些尺度有的依据着“儒雅”那个标准，结果就是复古的文学，有的依据着“风流”那个标准，结果就是标新的文学。但是所谓复古，其实也还是求变化求新异；韩愈提倡古文，却主张务去陈言，戛戛独造，是最显著的例子。古文运动从独造新语上最见出成绩来。胡适之先生说文学革命都从文字或文体的解放开始，是有道理的，因为这里最容易见出改变了的尺度。现代语体文学是标新的，不是复古的，却也可以说是从文字或文体的解放开始；就从这语体上，分明的看出我们的新尺度。

这种语体文学的尺度，如一般人所公认，大部分是受了外国的影响，就是依据着种种外国的标准。但是我们的文学史中原也有这样一股支流，和那正宗的或主流的文学由分而合的相配而行。明代的公安派和竟陵派自然是这支流的一段，但这支流的渊源很古久，截取这一段来说是不正确的。汉以前我们的言和文比较接近，即使不能说是一致。从孔子“有教无类”起，教育渐渐开放给平民，受教育的渐渐多起来。这种受了教育的人也称为“士”，可是跟从前贵族的士不同，这些只是些“读书人”。士的增多影响了语言和文体，话要说得明白，说得详细，当时的著述是说话的纪录，自然也是这样。这里面该有平民语调的参入，虽然我们不能确切地指出。汉代辞赋发达，主要的作为宫廷文学；后来变为远于说话的骈俪的体制，士大夫就通用这种体制。可是另一方面，游历了通都大邑名山大川的司马迁，却还用那近乎说话的文体作《史记》，古里古怪的扬雄跟《问孔》《刺孟》的王充，也还用这种文体作《法言》和《论衡》；而乐府诗来自民间，不用问更近于说话。可见这种文体是废不掉的。就是骈俪文盛行的时代，也还有《世说新语》，记录那时代的说话。到了唐代的韩愈，提倡“气盛言宜”的古文，“气盛言宜”就是说话的调子，至少是近于说话的调子，还有语录和笔记，起于唐而盛于宋，还有来自民间的词，这些也都用着说话或近于说话的调子。东汉以来逐渐建立起来的门阀，到了唐代中叶垮了台，“寻常百姓”的士又增多起来，加上宋代印刷和教育的发达，所以那种详明如话的文体就大大的发达了。到了元明两代，又有了戏曲和小说，更是以说话体就是语体为主。公安派竟陵派接受了这股支派，努力想将它变成主流，但是这一个尝试失败了。直到现代，一个新的尝试才完成了语体文学，新文学，也就是现代文学。

从以上一段语体文学发展的简史里可以看出种种伸缩的尺度。这些尺度大体上固然不出乎“儒雅”和“风流”那两个标准，可是像语录和笔记，有些恐怕只够“儒”而不够“雅”，有些恐怕既不够“儒”也不够“雅”，不够“雅”因为用俗语或近乎俗语，不够“儒”因为只是一些细事，无关德教，也与风流不相干。汉乐府跟《世说新语》也用俗语，虽然现在已将那些俗语看作了古典。戏曲和小说有的别忠奸，寓劝惩，叙风流，固然够得上标准，有的却不够儒雅，不算风流。在过去的文学传统里，这两种本没有地位，所谓不在话下。不过我们现在得给这些不够格的分别来个交代。我们说戏曲和小说可以见人情物理，这可以叫作“观风”的尺度，《礼记》里说诗可以“观民风”；可以观风，也就拐了弯儿达到了“儒雅”那个标准。戏曲和小说不但可以观民风，还可以观士风，而观风就是写实，就是反映社会，反映时代。这是社会的描写，时代的纪录。在我们看来，用不着再绕到“儒雅”那个标准之下，就足够存在的理由了。那些无关政教也不算风流的笔记，也可以这么看。这个“人情物理”或“观风”的尺度原是依据了“儒雅”那个标准定出来的，可是唐代中叶以后，这个尺度似乎已经暗地里独立运用，这已经不是上德化下的尺度而是下情上达的尺度了。人民参加着定了这个尺度，而俗语的参入文学，正与这个尺度配合着。

说是人民参加着订定文学的尺度，如上文所提到的，该起于春秋末年贵族渐渐没落平民渐渐兴起的时候。这些受了教育的平民加入了统治集团，多少还带着他们的情感和语言。这种新的士流日渐增加，自然就影响了文化的面目乃至精神。汉乐府的搜集与流行，就在这样氛围之中。韩诗解《伐木》一篇说到“饥者歌其食，劳者歌其事”。“饥者歌其食，劳者歌其事”正是“人情物理”，正是“观风”；这说明了三百篇诗的一些诗，也说明了乐府里的一些诗。“饥者歌其食，劳者歌其事”，自然周代的贵族也会如此的，可是这两句话带着浓重的平民的色彩；配合着语言的通俗，尤其可以见出。这就是前面说的“参加”，这参加倒是不自觉的。但那“人情物理”或“观风”的尺度的订定却是自觉的。汉以来的社会是士民对立，同时也是士民流通。《世说新语》里纪录一些俗语，取其自然。在“风流”的标准下，一般的固然以“含英咀华”的语言为主，但是到了这时代稍加改变，取了“自然”这个尺度，也不足为怪的。

唐代中叶以后，士民间的流通更自由了，士人是更多了。于是乎“人情物理”的著作也更多。元代蒙古人压迫汉人，士大夫的地位降低下去。真正领导文坛的是一些吏人以及“书会先生”。他们依据了“人情物理”的尺度作了许多戏曲。明代士大夫的地位高了些，但是还在暴君压制之下。他们这时却恢复了文坛的领导权，他们可也在作戏曲，并且在提倡小说，作小说了。公安派竟陵派就是受了这种风气的影响而形成的。清代士大夫的地位又高了些，但是又在外族统治之下，还不能恢复元代以前的地位。他们也在作戏曲和小说，可是戏曲和小说始终还是小道，不能跟诗文并列为正宗。“人情物理”还是一种尺度，不能成为标准。但是平民对文学的影响确乎渐渐在扩大。原来士民的对立并不是严格的。尤其在文学上，平民所表现的生活还是以他们所“虽不能至，然心向往之”的士大夫生活为标准。他们受自己的生活折磨够了，只羡慕着士大夫的生活，可又只能耐着苦羡慕着，不知道怎样用行动去争取，至多是表现在他们的文学就是民间文学里；低级趣味是免不了的，但那时他们的理想是爬上高处去。这样，士大夫的文学接受他们的影响，也算是个顺势。虽然“人情物理”和“通俗”到清代还没有成为标准，可是“自然”这尺度从晋代以来已渐渐成为一种标准。这究竟显出了人民的力量。

大清帝国改了中华民国，新文化运动新文学运动配合着五四运动画出了一个新时代。大家拥戴的是“德先生”和“赛先生”，就是民主与科学。但是实际上做到的是打倒礼教也就是反封建的工作。反封建解放了个人，也发现了民众，于是乎有了个人主义和人道主义；前者是实践，后者还是理论。这里得指出在那个阶段上，我们是接受了种种外国标准，而向现代化进行着。这时的社会已经不是士民的对立，而是封建的军阀官僚和人民的对立。从清末开设学校，受教育的人大量增多。士或读书人渐渐变了质；到这时一部分成为军阀和官僚的帮闲，大部分却成了游离的知识阶级。知识阶级从军阀和官僚独立，却还不能跟民众联合起来，所以是游离着。这里面大部分是青年学生。这时候的文学是语体文学，开始似乎是应用着“人情物理”“通俗”那两个尺度以及“自然”那个标准。然而“人情物理”变了质成为“打倒礼教”就是“反封建”也就是“个人主义”这个标准，“通俗”和“自然”也让步给那“欧化”的新尺度；这“欧化”的尺度后来并且也成了标准。用欧化的语言表现个人主义，顺带着人道主义，是这时期知识阶级向着现代化的路。

“五卅”运动接着国民革命，发展了反帝国主义运动；于是“反帝国主义”也成了文学的一种尺度。抗战起来了，“抗战”立即成了一切的标准，文学自然也在其中。胜利却带来了一个动乱时代，民主运动发展，“民主”成了广大应用的尺度，文学也在其中。这时候知识阶级渐渐走近了民众，“人道主义”那个尺度变质成为“社会主义”的尺度，“自然”又调剂着“欧化”，这样与“民主”配合起来。但是实际上做到的还只是暴露丑恶和斗争丑恶。这是向着新社会发脚的路。受教育的越来越多，这条路上的人也将越来越多，文学终于要配合上那新的“民主”的尺度向前迈进的。大概文学的标准和尺度的变换，都与生活配合着，采用外国的标准也如此。表面上好像只是求新，其实求新是为了生活的高度深度或广度。社会上存在着特权阶级的时候，他们只见到高度和深度；特权阶级垮台以后，才能见到广度。从前有所谓雅俗之分，现在也还有低级趣味，就是从高度深度来比较的。可是现在渐渐强调广度，去配合着高度深度，普及同时也提高，这才是新的“民主”的尺度。要使这新尺度成为文学的新标准，还有待于我们自觉的努力。

文学的严肃性

严肃这个观念在我们现代文学开始发展时是认为很重要的。当时与新文学的创造方面对抗的是鸳鸯蝴蝶派，礼拜六派的小说。他们的态度，不论对文学、对人生，都是消遣的。新文学是严肃的。这严肃与消遣的对立中开始了新文学运动，尤其是新文学的创作方面。

本来在传统的文学里，所谓“文”的地位是不很高的。文章，小道也。在宋朝还有人说作文害道。作文对道学有害，这是一种极端的看法，作文至少是小道。这里面的小说，更是小而又小了，在新文学运动开始时，对人生先有一个严肃的态度。对文学，也有一个新的文学观念，这观念包括文学不是专门只为消遣，茶余酒后的消遣；他们认为文学有重大的使命和意义，这是一层。第二，文学并非小道，有其独立的地位。从前向来是不承认的，就是诗与文在文学中的地位很高，比起道来，仍然很差。五四运动开始时，反对“文以载道”，因为这样一说，文便成为一种无足轻重的东西，主要的是道。道把文压下来，所以要反对。但当时新文学运动如何表现这两个观念呢？这还得和鸳鸯蝴蝶派对比着来看。

鸳鸯蝴蝶派的小说，写的多是恋爱故事，但不是当作一件严肃的事情（有时也有为恋爱而恋爱），总带点把恋爱当游戏的态度。看小说的，也是茶余酒后，躺在床上看看。虽然看到悲哀的时候，也流几滴眼泪，但总不认真似的。他们的文学大部分是文言，就是用白话，也是从旧小说里抄来的，不免油腔滑调。新文学在文字方面的态度很认真。教你不能不认真地看。有的人看惯了旧的，看新的作品觉得太正经，不惯，在内容方面，注重攻击礼教，讽刺社会，发掘中国社会的劣根性而表现出来，在这方面见出认真的态度。

鸳鸯蝴蝶派的小说，倒合乎中国小说的传统，中国小说本来是着重在“奇”的。如唐朝的“传奇”，明朝的短篇集叫“拍案惊奇”。奇就是不正经，小说就要为的奇。我们幼时，看小说还叫看闲书，小说自身就以不正经自居。明朝虽有《警世通言》《醒世恒言》《喻世明言》，名称上似以乎注重社会的作用，但这三种书被选出编成《今古奇观》，足见仍然也是以

“奇”为主。鸳鸯蝴蝶派的小说就在满足好奇的趣味，所以能得到许多读众。新文学却不要奇，奇对生活的关系较少。要正，要正视生活。反礼教，反封建，发掘社会病根，正视社会国家人生，因此他们在写作上是写实的，即如犯人日记，里面虽然是象征意义，但却用写实笔法来写，这种严肃的态度，维持不断。直到后来，社会比较安定些，知识阶级的生活也安定下来，于是严肃的态度改变了，产生言志载道的问题。

新文学初期反对载道，这时候便有人提倡言志。所谓言志，实在是玩世不恭，追求趣味。趣味只是个人的好恶，这也是环境的反映，当时政治上还是混乱，这种态度是躲避。他们喝酒，喝茶，谈窄而又窄的身边琐事。当时许多人如此，连我也在内，但这种情形经过的时间很短，从言志转到了幽默。好像说酒要一口一口地喝，还不成，一直要幽默到没有意义，为幽默而幽默，一面要说话，一面却要没有意义，这也是一种极端。生活的道路，越走越窄，一切都没有意义，变成要贫嘴，说俏皮话，这明明白白回到了消遣。

人生原是两方面的，时代的压迫稍松，便走到这一边来。但中国的情形不允许许多人消遣。结果，消遣的时间很短，又回过头来，大家认为这种态度要不得。于是更明白地提出严肃的口号，鲁迅先生介绍了一句话：“一方面是严肃的工作，一方面是荒淫与无耻。”这两者相对比严肃和消遣相对更尖锐，这表示时代要求严肃更迫切了。

这里应该补充一点。创造社的浪漫和伤感成为一时的风气，那是那个时代个人求解放的普遍趋势。个人生活中灵肉的冲突是生死问题，是严肃的问题，民国十四年五卅以后，反封建、反帝更是迫切。大家常提起鲁迅先生介绍的那句话。并且从工作扩大到行动。于是文学运动又回到严肃。

现在更是严肃的时期。新文学开始时反对文以载道，但反对的是载封建的道。到现在快三十年了，看看大部分作品其实还是在载道，只是载的是新的道罢了。三十年间虽有许多变迁，文学大部分时间是工具，努力达成它的使命和责任，和社会的别的方面是联系着的。

在清华大学文艺晚会上讲演

见 1947 年 5 月 19 日《文汇报》

论无话说

编辑先生让写点稿子，先是延宕；不能再延宕了，拿起笔来，却无话说。但是得找话说，姑且就论无话说吧。

无话说这句话却“有”许多说法，各具各的意义；现在只就所想到的说。若有遗漏，盼望有人告诉我。

无话　不在话下　旧小说里常用这两句话。“无话”也许真正无话，也许有话之至，例如“一宿无话”。旧小说叙事，贵在原原本本，处处得“交代”明白，所以即便真正无话，也必说一句话以了之。现在读小说的聪明多了，这种废话，大概要淘汰掉了吧。“不在话下”原是搁下不谈。但近年来有人沿“不在眼下”的例，用作开玩笑的不敬语；说“某某如何如何，这且不在话下”，其词若有憾焉，还带点狎侮的味道。

无言　“呜呼，予欲无言。”孔子显然感慨着生了气。可是有时“予欲无言”也用成欢喜赞叹的话。至于“无言”的常义是不用说的。

不说　不谈　莫谈　“不说”就是不说；小孩子或情人的“不说”“偏不说”，也许不乐意，也许撒娇。平常说话里，从前少用“不说”，现在人痛快些，渐渐有用的。是不便说，不愿说，或不乐意说；妙在老显着一股蹩扭劲儿——也可以说是一种姿态。“咱们不谈吧”，“不谈这个吧”，有时是话不投机，有时是避人耳目。“莫谈国事”，或“莫谈国是”是民国四五年间北京茶楼的标语，与“各照衣帽”同等地位。但后来似乎用开了。在茶楼上时，只是怕事的警告；用开了时却带着点愤愤不平之气了。

不能说话　不肯说话　不赞一辞　一言不发　没有话说　无话可说　“现在不能说话”“这儿不能说话”，是有所畏忌的样子。不会说话也叫“不能说话”；不能进言也叫“不能说话”，意思是说不进话去；不能发言也叫“不能说话”，意思是不便或不配说话。“不肯说话”也许是不愿说话，也许是不愿发言或进言。“不赞一辞”原是“不能赞一辞”，是孔子太高明之故。可是又用作“不说什么”之意，仿佛袖手旁观似的。“一言不发”，也许不赞成，也许深沉，也许装傻，也许是个愣小子。“没有话说”有时候就是无话说，有时候是赞成；例如，“你要是出头主张，当然没有话说。”“无话可说”并非无话，而是无“可说的话”。自己可说的也许别人听不懂，听不进去，也许触犯时忌，得罪人；前者可不说，后者不可说。——别人乐意听的，自己也往往觉得可以不说。至于像现在这个时势，你说天下太平，没有话说，或无话可说，都成。

不用说　不敢说　不能谈　不可言　不可说　说不上　没说头　“不用说”常读作甭说，作“自然”“当然”用，作本义用时，也有读“甭”的。（宁波人说“费话来”，带着宁波人的很很之情，与国语又不同）可是若说“这件事不用说啦”，却不如说“不用提啦”。“不敢说”就是没有胆量说；但若重读“说”字，便是“说不定”的别称；例如“这边怕要败吧？”“不敢说。”谈风不健叫“不能谈”；谈不上口（不值得谈）也叫“不能谈”。“不可言”略当于“眼花缭乱口难言”的“难言”，例如“妙不可言”；引申开去，也可以说“妙不可以酱油醋。”“不可说”除顺文直解外，又是法华经的名句，十足神秘气。“没说头”用于事是“无谓”，用于人是“轻贱”；这一句也许是“江北话”。

说不出　说不得　未见世面的人，乍见世面，说不出话；气急脸红的人，说不出话；对于题目无所知的人，说不出话。至于满肚子才学，“说不出”，满肚子苦恼“说不出”，才真够瞧的。“说不得”是禁止或讥刺之词；但如“说不得，去走一趟吧！”就是没奈何了。不知所云仓皇失措时，是“不知所云”；话说得乱七八糟，也是“不知所云”。

1934年3月1日

论百读不厌

前些日子参加了一个讨论会，讨论赵树理先生的《李有才板话》。座中一位青年提出了一件事实：他读了这本书觉得好，可是不想重读一遍。大家费了一些时候讨论这件事实。有人表示意见，说不想重读一遍，未必减少这本书的好，未必减少它的价值。但是时间匆促，大家没有达到明确的结论。一方面似乎大家也都没有重读过这本书，并且似乎从没有想到重读它。然而问题不但关于这一本书，而是关于一切文艺作品。为什么一些作品有人“百读不厌”，另一些却有人不想读第二遍呢？是作品的不同吗？是读的人不同吗？如果是作品不同，“百读不厌”是不是作品评价的一个标准呢？这些都值得我们思索一番。

苏东坡有《送章秀才失解西归》诗，开头两句是：

旧书不厌百回读，
熟读深思子自知。

“百读不厌”这个成语就出在这里。“旧书”指的是经典，所以要“熟读深思”。《三国志·魏志·王肃传·注》：人有从（董遇）学者，遇不肯教，而云“必当先读百遍”，言“读书百遍而意自见”。经典文字简短，意思深长，要多读，熟读，仔细玩味，才能了解和体会。所谓“意自见”，“子自知”，着重自然而然，这是不能着急的。这诗句原是安慰和勉励那考试失败的章秀才的话，劝他回家再去安心读书，说“旧书”不嫌多读，越读越玩味越有意思。固然经典值得“百回读”，但是这里着重的还在那读书的人。简化成“百读不厌”这个成语，却就着重在读的书或作品了。这成语常跟另一成语“爱不释手”配合着，在读的时候“爱不释手”，读过了以后“百读不厌”。这是一种赞词和评语，传统上确乎是一个评价的标准。当然，“百读”只是“重读”“多读”“屡读”的意思，并不一定一遍接着一遍地读下去。

经典给人知识，教给人怎样做人，其中有许多语言的、历史的、修养的课题，有许多注解，此外还有许多相关的考证，读上百遍，也未必能够处处贯通，教人多读是有道理的。但是后来所谓“百读不厌”，往往不指经典而指一些诗，一些文，以及一些小说；这些作品读起来津津有味，重读，屡读也不腻味，所以说“不厌”；“不厌”不但是“不讨厌”，并且是“不厌倦”。诗文和小说都是文艺作品，这里面也有一些语言的和历史的课题，诗文也有些注解和考证；小说方面呢，却直到近代才有人注意这些课题，于是也有了种种考证。但是过去一般读者只注意诗文的注解，不大留心那些课题，对于小说更其如此。他们集中在本文的吟诵或浏览上。这些人吟诵诗文是为了欣赏，甚至于只为了消遣，浏览或阅读小说更只是为了消遣，他们要求的是趣味，是快感。这跟诵读经典不一样。诵读经典是为了知识，为了教训，得认真，严肃，正襟危坐的读，不像读诗文和小说可以马马虎虎的，随随便便的，在床上，在火车轮船上都成。这么着可还能够教人“百读不厌”，那些诗文和小说到底是靠了什么呢？

在笔者看来，诗文主要是靠了声调，小说主要是靠了情节。过去一般读者大概都会吟诵，他们吟诵诗文，从那吟诵的声调或吟诵的音乐得到趣味或快感，意义的关系很少；只要懂得字面儿，全篇的意义弄不清楚也不要紧的。梁启超先生说过李义山的一些诗，虽然不懂得究竟是什么意思，可是读起来还是很有趣味（大意）。这种趣味大概一部分在那些字面儿的影像上，一部分就在那七言律诗的音乐上。字面儿的影像引起人们奇丽的感觉；这种影像所表示的往往是珍奇，华丽的景物，平常人不容易接触到的，所谓“七宝楼台”之类。民间文艺里常常见到的“牙床”等等，也正是这种作用。民间流行的小调以音乐为主，而不注重词句，欣赏也偏重在音乐上，跟吟诵诗文也正相同。感觉的享受似乎是直接的，本能的，即使是字面儿的影像所引起的感觉，也还多少有这种情形，至于小调和吟诵，更显然直接诉诸听觉，难怪容易唤起普遍的趣味和快感。至于意义的欣赏，得靠综合诸感觉的想象力，这个得有长期的教养才成。然而就像教养很深的梁启超先生，有时也还让感觉领着走，足见感觉的力量之大。

小说的“百读不厌”，主要的是靠了故事或情节。人们在儿童时代就爱听故事，尤其爱奇怪的故事。成人也还是爱故事，不过那情节得复杂些。这些故事大概总是神仙、武侠、才子、佳人，经过种种悲欢离合，而以大团圆终场。悲欢离合总得不同寻常，那大团圆才足奇。小说本来起于民间，起于农民和小市民之间。在封建社会里，农民和小市民是受着重重压迫的，他们没有多少自由，却有白日梦的自由。他们寄托他们的希望于超现实的神仙，神仙化的武侠，以及望之若神仙的上层社会的才子佳人；他们希望有朝一日自己会变成了这样的人物。这自然是不能实现的奇迹，可是能够给他们安慰、趣味和快感。他们要大团圆，正因为他们一辈子是难得大团圆的，奇情也正是常情啊。他们同情故事中的人物，“设身处地”的“替古人担忧”，这也因为事奇人奇的缘故。过去的小说似乎始终没有完全移交到士大夫的手里。士大夫读小说，只是看闲书，就是作小说，也只是游戏文章，总而言之，消遣而已。他们得化装为小市民来欣赏，来写作；在他们看，小说奇于事实，只是一种玩艺儿，所以不能认真、严肃，只是消遣而已。

封建社会渐渐垮了，“五四”时代出现了个人，出现了自我，同时成立了新文学。新文学提高了文学的地位；文学也给人知识，也教给人怎样做人，不是做别人的，而是做自己的人。可是这时候写作新文学和阅读新文学的，只是那变了质的下降的士和那变了质的上升的农民和小市民混合成的去的诗文和小说不同之处，就在它是认真地负着使命。早期的反封建也罢，后来的反帝国主义也罢，写实的也罢，浪漫的和感伤的也罢，文学作品总是一本正经地在表现着并且批评着生活。这么着文学扬弃了消遣的气氛，回到了严肃——古代贵族的文学如《诗经》，倒本来是严肃的。这负着严肃的使命的文学，自然不再注重“传奇”，不再注重趣味和快感，读起来也得正襟危坐，跟读经典差不多，不能再那么马马虎虎，随随便便的。但是究竟是形象化的，诉诸情感的，跟经典以冰冷的抽象的理智的教训为主不同，又是现代的白话，没有那些语言的和历史的问题，所以还能够吸引许多读者自动去读。不过教人“百读不厌”甚至教人想去重读一遍的作品，的确是很少了。

新诗或白话诗，和白话文，都脱离了那多多少少带着人工的、音乐的声调，而用着接近说话的声调。喜欢古诗、律诗和骈文、古文的失望了，他们尤其反对这不能吟诵的白话新诗；因为诗出于歌，一直不曾跟音乐完全分家，他们是不愿扬弃这个传统的。然而诗终于转到意义中心的阶段了。古代的音乐是一种说话，所谓“乐语”，后来的音乐独立发展，变成“好听”为主了。现在的诗既负上自觉的使命，它得说出人人心中所欲言而不能言的，自然就不注重音乐而注重意义了。——一方面音乐大概也在渐渐注重意义，回到说话罢？——字面儿的影像还是用得着，不过一般的看起来，影像本身，不论是鲜明的，朦胧的，可以独立的诉诸感觉的，是不够吸引人了；影像如果必需得用，就要配合全诗的各部分完成那中心的意义，说出那要说的话。在这动乱时代，人们着急要说话，因为要说的话实在太多。小说也不注重故事或情节了，它的使命比诗更见分明。它可以不靠描写，只靠对话，说出所要说的。这里面神仙、武侠、才子、佳人，都不大出现了，偶然出现，也得打扮成平常人；是的，这时代的小说的人物，主要的是些平常人了，这是平民世纪啊。至于文，长篇议论文发展了工具性，让人们更如意，也更精密地说出他们的话，但是这已经成为诉诸理性的了。诉诸情感的是那发展在后的小品散文，就是那标榜“生活的艺术”，抒写“身边琐事”的。这倒是回到趣味中心，企图着教人“百读不厌”的，确乎也风行过一时。然而时代太紧张了，不容许人们那么悠闲；大家嫌小品文近乎所谓“软性”，丢下了它去找那“硬性”的东西。

文艺作品的读者变了质了，作品本身也变了质了，意义和使命压下了趣味，认识和行动压下了快感。这也许就是所谓“硬”的解释“硬性”的作品得一本正经地读，自然就不容易让人“爱不释手”“百读不厌”。于是“百读不厌”就不成其为评价的标准了，至少不成其为主要的标准了。但是文艺是欣赏的对象，它究竟是形象化的，诉诸情感的，怎么“硬”也不能“硬”到和论文或公式一样。诗虽然不必再讲那带几分机械性的声调，却不能不讲节奏，说话不也有轻重高低快慢吗？节奏合适，才能集中，才能够高度集中。文也有文的节奏，配合着意义使意义集中。小说是不注重故事或情节了，但也总得有些契机来表现生活和批评它；这些契机得费心思去选择和配合，才能够将那要说的话，要传达的意义，完整地说出来，传达出来。集中了的完整了的意义，才见出情感，才让人乐意接受，“欣赏”就是“乐意接受”的意思。能够这样让人欣赏的作品是好的，是否“百读不厌”，可以不论。在这种情形之下，笔者同意：《李有才板话》即使没有人想重读一遍，也不减少它的价值，它的好。

但是在我们的现代文艺里，让人“百读不厌”的作品也有的。例如鲁迅先生的《阿Q正传》，茅盾先生的《幻灭》《动摇》《追求》三部曲，笔者都读过不止一回，想来读过不止一回的人该不少罢。在笔者本人，大概是《阿Q正传》里的幽默和三部曲里的几个女性吸引住了我。这几个作品的好已经定论，它们的意义和使命大家也都熟悉，这里说的只是它们让笔者“百读不厌”的因素。《阿Q正传》主要的作用不在幽默，那三部曲的主要作用也不在铸造几个女性，但是这些却可能产生让人“百读不厌”的趣味。这种趣味虽然不是必要的，却也可以增加作品的力量。不过这里的幽默绝不是油滑的，无聊的，也绝不是为幽默而幽默。抗战期中，文艺作品尤其是小说的读众大大地增加了。增加的多半是小市民的读者，他们要求消遣，要求趣味和快感。扩大了的读众，有着这样的要求也是很自然的。长篇小说的流行就是这个要求的反应，因为篇幅长，故事就长，情节就多，趣味也就丰富了。这可以促进长篇小说的发展，倒是很好的。可是有些作者却因为这样的要求，忘记了自己的边界，企图通过粗劣的笑料去吸引读众，这只是迎合低级趣味。而读者贪读这一类低级的软性的作品，也只是沉溺，说不上“百读不厌”。“百读不厌”究竟是个赞词或评语，虽然以趣味为主，总要是纯正的趣味才说得上的。

《文讯》月刊

鲁迅先生的杂感

最近写了一篇短文讨论“百读不厌”那个批评用语，照笔者分析的结果，所谓“百读不厌”，注重趣味与快感，不适用于我们的现代文学。可是现代作品里也有引人“百读不厌”的，不过那不是作品的主要的价值。笔者根据自己的经验，举出鲁迅先生的《阿Q正传》做例子，认为引人“百读不厌”的是幽默，这幽默是严肃的，不是油腔滑调的，更不只是为幽默而幽默。鲁迅先生的《随感录》，先是出现在《新青年》上后来收在《热风》里的，还有一些“杂感”，在笔者也是“百读不厌”的。这里吸引我的，一方面固然也是幽默，一方面却还有别的，就是那传统的称为“理趣”，现在我们可以说是“理智的结晶”的，而这也就是诗。

冯雪峰先生在《鲁迅论》里说到鲁迅先生“在文学上独特的特色”：

首先，鲁迅先生独创了将诗和政论凝结于一起的“杂感”这尖锐的政论性的文艺形式。这是匕首，这是投枪，然而又是独特形式的诗；这形式，是鲁迅先生所独创的，是诗人和战士的一致的产物。自然，这种形式，在中国旧文学里是有它类似的存在的，但我们知道旧文学中的这种形式，有的只是形式和笔法上有可取之点，精神上是完全不成的；有的则在精神上也有可取之点，却只是在那里自生自长的野草似的一点萌芽。鲁迅先生，以其战斗的需要，才独创了这在其本身是非常完整的，而且由鲁迅先生自己达到了那高峰的独特的形式。（见《过来的时代》）

所谓“中国文学里是有它类似的存在的”，大概指的古文里短小精悍之作，像韩柳杂说的罢？冯先生说鲁迅先生“也同意对于他的杂感散文在思想意义之外又是很高的而且独创的艺术作品的评价”，“并且以为（除何凝先生外）还没有说出这一点来”（《关于鲁迅在文学上的地位》的《附记》，见同书）。这种“杂感”在形式上的特点是“简短”，鲁迅先生就屡次用“短评”这名称，又曾经泛称为“简短的东西”。“简短”而“凝结”，还能够“尖锐”得像“匕首”和“投枪”一样；主要的是他在用了这“匕首”和“投枪”战斗着。“狭巷短兵相接处，杀人如草不闻声”，这是诗，鲁迅先生的“杂感”也是诗。

《热风》的《题记》的结尾：

但如果凡我所写，的确都是冷的呢？则它的生命原来就没有，更谈不到中国的病证究竟如何。然而，无情的冷嘲和有情的讽刺相去本不及一张纸，对于周围的感受和反应，又大概是所谓“如鱼饮水冷暖自知”的；我却觉得周围的空气太寒冽了，我自说我的话，所以反而称之曰《热风》。

鲁迅先生是不愿承受“冷静”那评价的，所以有这番说话。他确乎不是个“冷静”的人，他的憎正由于他的爱；他的“冷嘲”其实是“热讽”。这是“理智的结晶”，可是不结晶在冥想里，而结晶在经验里；经验是“有情的”，所以这结晶是有“理趣”的。开始读他的《随感录》的时候，一面觉得他所嘲讽的愚蠢可笑，一面却又往往觉得毛骨悚然——他所指出的“中国病证”，自己没有犯过吗？不在犯着吗？可还是“百读不厌”的常常去翻翻看看，吸引我的是那笑，也是那“笑中的泪”罢。

这种诗的结晶在《野草》里“达到了那高峰”。《野草》被称为散文诗，是很恰当的。《题辞》里说：

过去的生命已经死亡。我对于这死亡有大欢喜，因为我借此知道它曾经存活。死亡的生命已经朽腐。我对于这朽腐有大欢喜，因为我借此知道它还非空虚。

又说：

我自爱我的野草，但我憎恶这以野草作装饰的地面。地火在地下运行，奔突；熔岩一旦喷出，将烧尽一切野草，以及乔木，于是并且无可朽腐。

又说：

我以这一丛野草在明与暗，生与死，过去与未来之际，献于友与仇，人与兽，爱者与不爱者之前作证。

最后是：

去罢，野草，连着我的题辞！

这写在一九二七年，正是大革命的时代。他彻底地否定了“过去的生命”，连自己的《野草》连着这《题辞》，也否定了，但是并不否定他自己。他“希望”地下的火火速喷出，烧尽过去的一切；他“希望”的是中国的新生！在《野草》里比在《狂人日记》里更多地用了象征，用了重叠，来“凝结”来强调他的声音，这是诗。

他一面否定，一面希望，一面在战斗着。《野草》里的一篇《希望》，是一九二五年一月一日写的，他说：

我只得由我来肉搏这空虚中的暗夜了，纵使寻不到身外的青春，也总得自己来一掷我身中的迟暮。但暗夜又在哪里呢？现在没有星，没有月光，以至笑的渺茫和爱的翔舞；青年们很平安，而我的面前又竟至于并且没有真的暗夜。

然而就在这一年他感到青年们动起来了，感到“真的暗夜”露出来了，这一年他写了特别多的“杂感”，就是收在《华盖集》里的。这一年“十二月三十一日之夜”写的《题记》里给了这些“短评”一个和《随感录》略有分别的名字，就是“杂感”。他说这些“杂感”“往往执滞在几件小事情上”，也就是从一般的“中国的病证”转到了个别的具体的事件上。

虽然他还是将这种个别的事件“作为社会上的一种典型”（见前引冯雪峰先生那篇《附记》里引的鲁迅先生自己的话）来处理，可是这些“杂感”比起《热风》中那些《随感录》确乎是更其现实的了；他是从诗回向散文了。换上“杂感”这个新名字，似乎不是随随便便地无所谓的。

散文的杂感增加了现实性，也增加了尖锐性。“一九三二年四月二十四日之夜”写的《三闲集》的《序言》里说到：

恐怕这“杂感”两个字，就使志趣高超的作者厌恶，避之惟恐不远了。有些人们，每当意在奚落我的时候，就往往称我为“杂感家”。

这正是尖锐性的证据。他这时在和“真的暗夜”“肉搏”了，武器是越尖锐越好，他是不怕“‘不满于现状’的‘杂感家’”这一个“恶谥”的。一方面如冯雪峰先生说的，“他又常痛惜他的小说和他的文章中的曲笔常被一般读者误解”。所以“更倾向于直剖明示的尖利的批判武器的创造”（见《鲁迅先生计划而未完成的著作》，也在《过去的时代》中）了。这种“直剖明示”的散文作风伴着战斗发展下去，“杂感”就又变为“杂文”了。“一九三二年四月三十日之夜”写的《二心集》的《序言》里开始就说：

这里是一九三〇与三一年两年间的杂文的结集。

末尾说：

自从一九三一年一月起，我写了较上年更多的文章，但因为揭载的刊物有些不同，文字必得和它们相称，就很少做《热风》那样简短的东西了；而且看看对于我的批评文字，得了一种经验，好像评论做得太简括，是极容易招得无意的误解，或有意的曲解似的。

又说：

这回连较长的东西也收在这里面。

“简单”改为不拘长短，配合着时代的要求，“杂文”于是乎成了大家都能用，尖利而又方便的武器了。这个创造是值得纪念的；虽然我们损失了一些诗，可是这是个更需要散文的时代。

《燕京新闻》副页

人话

在北平呆过的人总该懂得“人话”这个词儿。小商人和洋车夫等等彼此动了气，往往破口问这么句话：

你懂人话不懂？——要不就说：

你会说人话不会？

这是一句很重的话，意思并不是问对面的人懂不懂人话，会不会说人话，意思是骂他不懂人话，不会说人话。不懂人话，不会说人话，干脆就是畜生！这叫拐着弯儿骂人，又叫骂人不带脏字儿。不带脏字儿是不带脏字儿，可到底是“骂街”，所以高尚人士不用这个词儿。他们生气的时候也会说

“不通人性”“不像人”“不是人”，还有“不像话”“不成话”等等，可就是不肯用“人话”这个词儿。“不像话”，“不成话”，是没道理的意思；“不通人性”“不像人”“不是人”还不就是畜生？比起“不懂人话”，“不说人话”来，还少拐了一个弯儿呢。可是高尚人士要在人背后才说那些话，当着面大概他们是不说的。这就听着火气小，口气轻似的，听惯了这就觉得“不通人性”“不像人”“不是人”那几句来得斯文点儿，不像“人话”那么野。其实，按字面儿说，“人话”倒是个含蓄的词儿。

北平人讲究规矩，他们说规矩，就是客气。我们走进一家大点儿的铺子，总有个伙计出来招待，哈哈腰说，“您来啦！”出来的时候，又是个伙计送客，哈哈腰说，“您走啦，不坐会儿啦？”这就是规矩。洋车夫看同伙的问好儿，总说，“您老爷子好？老太太好？”“您少爷在那儿上学？”从不说“你爸爸”，“你妈妈”，“你儿子”，可也不会说“令尊”“令堂”“令郎”那些个，这也是规矩。有的人觉得这些都是假仁假义，假声假气，不天真，不自然。他们说北平人有官气，说这些就是凭据。不过天真不容易表现，有时也不便表现。只有在最亲近的人面前，天真才有流露的机会，再说天真有时就是任性，也不一定是可爱的。所以得讲规矩。规矩是调节天真的，也就是“礼”，四维之首的“礼”。礼须要调节，得有点儿做作是真的，可不能说是假。调节和做作是为了求中和，求平衡，求自然——这儿是所谓“习惯成自然”。规矩也罢，礼也罢，无非教给人做人的道理。我们现在到过许多大城市，回想北平，似乎讲究规矩并不坏，至少我们少碰了许多硬钉子。讲究规矩是客气，也是人气，北平人爱说的那套话都是他们所谓“人话”。

别处人不用“人话”这个词儿，只说讲理不讲理，雅俗通用。讲理是讲理性，讲道理。所谓“理性”（这是老名词，重读“理”字，翻译的名词“理性”，重读“性”字）自然是人的理性，所谓道理也就是做人的道理。现在人爱说“合理”，那个“理”的意思比“讲理”的“理”宽得多。“讲理”当然“合理”，这是常识，似乎用不着检出西哲亚里士多德的大帽子，说“人是理性的动物”。可是这句话还是用得着，“讲理”是“理性的动物”的话，可不就是“人话”？不过不讲理的人还是不讲理的人，并不明白的包含着“不懂人话”“不会说人话”所包含着的意思。讲理不一定和平，上海的“讲茶”就常教人触目惊心的。可是看字面儿，“你讲理不讲理？”的确比“你懂人话不懂？”“你会说人话不会？”和平点儿。“不讲理”比“不懂人话”，“不会说人话”多拐了个弯儿，就不至于影响人格了。所谓做人的道理大概指的恕道，就是孔子所说的“己所不欲，勿施于人”。而“人话”要的也就是恕道。按说“理”这个词儿其实有点儿灰色，赶不上“人话”那个词儿鲜明，现在也许有人觉得还用得着这么个鲜明的词儿。不过向来的小商人洋车夫等等把它用得太鲜明了，鲜明得露了骨，反而糟蹋了它，这真是怪可惜的。

1943年5月25日作

（原载1943年6月昆明《大国民报》）

了解与欣赏

——这里讨论的是关于了解与欣赏能力的训练

了解与欣赏为中学国文课程中重要的训练过程。儿童从小就能对于语言渐渐的了解，不过对于文字的了解必须加以强制学习的训练。成年人平时读书阅报大都是采取一种“不求甚解”的态度。这是一般综合的实用的态度。但在国文教学、教师准备时，必须字字查清楚、弄明白。学生呢，在学习时也必须字字求了解。这与一般不求甚解的态度刚好相反。然而不求甚解的那份能力正是经过分章析句的学习过程而得到的，必须有了咬文嚼字的教学培养后，才能真正达到那种不求甚解的境界；没有经过一番文字分析的训练，欲不求甚解，也不易得呢。通常教授国文的，大都很注重字义。实在除掉注重字义的办法以外，还应当顾及下面的几种分析的方法。

一、句子的形式（句式）

某种特殊句子的形式，不仅是作者在技巧方面的表现，也是作者别有用心处。讲解国文时必须加以说明。例如鲁迅先生的《秋夜》的开端：

在我的后园，可以看见墙外有两株树，一株是枣树，还有一株也是枣树。

这不是普通的叙说，句子的形式很特殊，给人一种幽默感。作者存心要表现某种特殊的情感。这儿开始就显示出一个太平凡的境界，因为鲁迅先生所见到的窗外，除掉两株枣树便一无所见。更使人厌倦的是人坐屋里，一抬头望窗外，立刻映入眼帘的东西，就只是两株枣树，爱看也是这些，不爱看也是这些，引起人腻烦的感觉。一种太平凡的境界，用不平凡的句式来显示，是修辞上的技巧。明白了这两句的意思与作用，就兼有了了解与欣赏。又如同篇：

这上面的夜的天空，奇怪而高。

这是作者在文字排列上用工夫，两句都不是普通的说法。上半句表现两层意思：（一）枣树上的天空，（二）夜的天空。两层意思而用一单位表示，是修辞上的经济办法。文字的经济便是一种文学的技巧。平常的语言，可有两式：

> 夜间这上面的天空……
>
> 上面的天空在夜间……

读起来便都有了停顿，时间上显得十分不经济，意思也没有原句透露。下半句“奇怪而高”，口语中常说“高而奇怪”，单词习惯大多放在前面。现在说“奇怪而高”，句法就显得别致，作者在这里便用来表示秋夜天空的特殊。

二、段落

写段落大意是中学国文课上常用的方法。但通常只把各段的大意写出，而于全文分段的作用与关系，往往缺少综合的说明。教师指导学生写段落大意，每段大意，常只用一二句话表示。这里便应当注意语句间的联络，要能显出原文的组织和发展的次序。

三、主旨

教师必须提醒学生注意一篇文章中足以代表全文主旨的重要语句，和指导学生研究全文主旨如何发展。古人称文章中重要的语句为“警句”。警句往往是全篇的线索。读一篇文章最要紧的事便是要能找到线索。文章的线索作者往往把它隐寓在文中的一二句重要的语句里面，例如龚自珍《说居庸关》，“疑若可守然”五字是全文的主旨所在，教师便须注意此主旨的发展。

四、组织

文章组织的变化，也是作者在技巧上用的工夫，说明这种文章组织的变化，是了解与欣赏范围内极重要的事。例如上举《说居庸关》，“疑若可守然”五字，一段中连用五次；又“自入南口”连用六次。这是叠句法，亦是关键语，在组织上增加一种节奏。最后三小段文章最堪注意，在整齐的组织中寓有变化，末两段一写蒙古人，一写漏税，指出间道，均逼出居庸关之不足守，与前文相应答。这是组织上的一种变化，读者容易忽略过去的，教时应当加以说明。中间写遇到蒙古人，说了一大段，表示清朝的威严，作者是用赞叹的口气。

五、词语

在一篇文章中应当注意作者惯用的词语和词语的特殊意义。例如上举《说居庸关》“蒙古”一词指的是蒙古人。

六、比喻、典故、例证

先讲比喻。

康白情的《朝气》，内容是描写农家种植的生活，题目何以称为“朝气”呢？农家生活的描写与朝气究竟有何关系呢？这些问题教师是要暗示学生提出来详细讨论的。农家生活的描写实在是一个比喻，作者是别有寄托的。文学作品中的具体故事，往往带上一些抽象性。大概一个比喻的应用，包含三方面的意义。如《朝气》：

（一）喻依——农家的生活。

（二）喻体——劳工的趣味。

（三）意旨——由趣味的工作得到美满的结果，显示出生活中朝气的景象。

这是文学上表达技巧很重要的一条原则，应当让学生区分得很清楚的。又如谢冰心的《笑》，用重复的组织，对于雨，月夜，花莲说出三个笑容，表示爱的调和。“如登仙界，如归故乡”，是极普通的比喻，但能显示出纯洁快乐的意味。

次讲典故。

古文中的用典是学生最感觉麻烦的事情。讲解古文时说明古典出处也是极占时间的。但是教师往往只说明古典本身的意义，而常忽略了这个典故在本文里的作用。这样使读者只记古典出处，便感觉乏味了，更谈不到欣赏。原来用典的作用，也是使文字经济的一种办法，作者因为要表达心中的事或情，不必完全直说，借用过去的一桩熟悉的而且与当下相关的事物来显示。大凡文学上的典故都经过许多作家的手改造过，而成为很好的形式。因此用典的作用，一方面是使文字经济，一方面也是避免直说，增加读者的联想，使内容丰富。现代语体文中典故也是常见的。如冰心的《笑》里用“安琪儿”一词，教时也应当说明其出处。再讲例证。

在说明文和议论文中有些时候往往遇到抽象的概念，教师在说解时必须要设法用一两个较具体的例证加以说明。如蔡元培的《雕刻》里面，许多美术上的概念，教师应当设法举出浅显的实例，加以说明。又如东坡说：“画中有诗，诗中有画”，也应当举出实例，说明诗与画两者之间所以沟通的道理。总结起来说，关于了解与欣赏应该特别注意的有三点：

一是语言的经济。注意句读顿停多少与力量是否集中。

一是比较的方法。讲散文时可用诗句作比较，讲诗时可用散文比较。文中的语句可与口中的说话比较，读鲁迅先生的《秋夜》，便可与叶绍钧先生的《没有秋虫的地方》比较。比较的方法对于了解与欣赏是极有帮助的。

一是文字的新变。一个作家必须要能深得用字的妙趣，古人称为“练字”，便是指作家用字时打破习惯而变新的地方，教师就也要在这方面求原文作者的用心。训练的方法，除教师讲解外，在学生方面，熟读的工夫是不可少的。吟诵与了解极有关系，是欣赏必经的步骤。吟诵时对于写在纸上死的语言可以从声音里得其意味，变成活的语气。不过在朗诵时，要能分辨语气的轻重，要使声调有缓急，合于原文意思发展的节奏。注意本文的意思，不要被声音掩盖了，滑过去。默读是不出声的，偏于用眼，但也不要让意思跟了眼睛滑过去。

最后，问题的研究，在读文时是常有的事。但是问题的提出要有分量，要有意义。最好教师只居于被动地位，用暗示方法，帮助学生发现问题，解决问题。

1943 年 3 月

古文学的欣赏

新文学运动开始的时候，胡适之先生宣布“古文”是“死文学”，给它撞丧钟，发讣闻。所谓“古文”，包括正宗的古文学。他是教人不必再做古文，却显然没有教人不必阅读和欣赏古文学。可是那时提倡新文化运动的人如吴稚晖、钱玄同两位先生，却教人将线装书丢在茅厕里。后来有过一回“骸骨的迷恋”的讨论也是反对做旧诗，不是反对读旧诗。但是两回反对读经运动却是反对“读”的。反对读经，其实是反对礼教，反对封建思想；因为主张读经的人是主张传道给青年人，而他们心目中的道大概不离乎礼教，不离乎封建思想。强迫中小学生读经没有成为事实，却改了选读古书，为的了解“固有文化”。为了解固有文化而选读古书，似乎是国民分内的事，所以大家没有说话。可是后来有了“本位文化”论，引起许多人的反感；本位文化论跟早年的保存国粹论同而不同，这不是残余的而是新兴的反动势力。这激起许多人，特别是青年人，反对读古书。

可是另一方面，在本位文化论之前有过一段关于“文学遗产”的讨论。讨论的主旨是如何接受文学遗产，倒不是扬弃它；自然，讨论到“如何”接受，也不免有所分别扬弃的。讨论似乎没有多少具体的结果，但是“批判的接受”这个广泛的原则，大家好像都承认。接着还有一回范围较小，性质相近的讨论。那是关于《庄子》和《文选》的。说《庄子》和《文选》的词汇可以帮助语体文的写作，的确有些不切实际。接受文学遗产若从“做”的一面看，似乎只有写作的态度可以直接供我们参考，至于篇章字句，文言语体各有标准，我们尽可以比较研究，却不能直接学习。因此许多大中学生厌弃教本里的文言，认为无益于写作；他们反对读古书，这也是主要的原因之一。但是流行的作文法，修辞学，文学概论这些书，举例说明，往往古今中外兼容并包；青年人对这些书里的“古文今解”倒是津津有味地读着，并不厌弃似的。从这里可以看出青年人虽然不愿信古，不愿学古，可是给予适当的帮助，他们却愿意也能够欣赏古文学，这也就是接受文学遗产了。

说到古今中外，我们自然想到翻译的外国文学。从新文学运动以来，语体翻译的外国作品数目不少，其中近代作品占多数；这几年更集中于现代作品，尤其是苏联的。但是希腊、罗马的古典，也有人译，有人读，直到最近都如此。莎士比亚至少也有两种译本。可见一般读者（自然是青年人多），对外国的古典也在爱好着。可见只要能够让他们接近，他们似乎是愿意接受文学遗产的，不论中外。而事实上外国的古典倒容易接近些。有些青年人以为古书古文学里的生活跟现代隔得太远，远得渺渺茫茫的，所以他们不能也不愿接受那些。但是外国古典该隔得更远了，怎么事实上倒反容易接受些呢？我想从头来说起，古人所谓“人情不相远”是有道理的。尽管社会组织不一样，尽管意识形态不一样，人情总还有不相远的地方。喜怒哀乐爱恶欲总还是喜怒哀乐爱恶欲，虽然对象不尽同，表现也不尽同。对象和表现的不同，由于风俗习惯的不同；风俗习惯的不同，由于地理环境和社会组织的不同。使我们跟古代跟外国隔得远的，就是这种种风俗习惯；而使我们跟古文学跟外国文学隔得远的尤其是可以算做风俗习惯的一环的语言文字。语体翻译的外国文学打通了这一关，所以倒比古文学容易接受些。

人情或人性不相远，而历史是连续的，这才说得上接受古文学。但是这是现代，我们有我们的立场。得弄清楚自己的立场，再弄清楚古文学的立场，所谓“知己知彼”，然后才能分别出哪些是该扬弃的，哪些是该保留的。弄清楚立场就是清算，也就是批判；“批判的接受”就是一面接受着，一面批判着。自己有立场，却并不妨碍了解或认识古文学，因为一面可以设身处地为古人着想，一面还是可以回到自己立场上批判的。这“设身处地”是欣赏的重要的关键，也就是所谓“感情移入”。个人生活在群体中，多少能够体会别人，多少能够为别人着想。关心朋友，关心大众，恕道和同情，都由于设身处地为别人着想；甚至“替古人担忧”也由于此。演戏，看戏，一是设身处地地演出，一是设身处地地看入。做人不要做坏人，做戏有时候却得做坏人。看戏恨坏人，有的人竟会丢石子甚至动手去打那戏台上的坏人。打起来确是过了分，然而不能不算是欣赏那坏人做得好，好得教这种看戏的忘了“我”。这种忘了“我”的人显然没有在批判着。有批判力的就不至如此，他们欣赏着，一面常常回到自己，自己的立场。欣赏跟行动分得开，欣赏有时可以影响行动，有时可以不影响，自己有分寸，做得主，就不至于糊涂了。读了武侠小说就结伴上峨眉山，的确是糊涂。所以培养欣赏力同时得培养批判力；不然，“有毒的”东西就太多了。然而青年人不愿意接受有些古书和古文学，倒不一定是怕那“毒”，他们的第一难关还是语言文字。

打通了语言文字这一关，欣赏古文学的就不会少，虽然不会赶上欣赏现代文学的多。语体翻译的外国古典可以为证。语体的旧小说如《水浒传》《西游记》《红楼梦》《儒林外史》，现在的读者大概比二三十年前要减少了，但是还拥有相当广大的读众。这些人欣赏打虎的武松，焚稿的林黛玉，却一般的未必崇拜武松，尤其未必崇拜林黛玉。他们欣赏武松的勇气和林黛玉的痴情，却嫌武松无知识，林黛玉不健康。欣赏跟崇拜也是分得开的。欣赏是情感的操练，可以增加情感的广度、深度，也可以增加高度。欣赏的对象或古或今，或中或外，影响行动或浅或深，但是那影响总是间接的，直接的影响是在情感上。有些行动固然可以直接影响情感，但是欣赏的机会似乎更容易得到些。要培养情感，欣赏的机会越多越好；就文学而论，古今中外越多能欣赏越好。这其间古文和外国文学都有一道难关，语言文字。外国文学可用语体翻译，古文学的难关该也不难打通的。

我们得承认古文确是“死文字”，死语言，跟现在的语体或白话不是一种语言。这样看，打通这一关也可以用语体翻译。这办法早就有人用过，现代也还有人用着。记得清末有一部《古文析义》，每篇古文后边有一篇白话的解释，其实就是逐句的翻译。那些翻译够清楚的，虽然啰唆些。但是那只是一部不登大雅之堂的启蒙书，不曾引起人们注意。五四运动以后，整理国故[①]引起了古书今译。顾颉刚先生的《盘庚篇今译》（见《古史辨》），最先引起我们的注意。他是要打破古书奥妙的气氛，所以将《尚书》里诘屈聱牙的这《盘庚》三篇用语体译出来，让大家看出那"鬼治主义"的把戏。他的翻译很谨严，也够确切；最难得的，又是三篇简洁明畅的白话散文，独立起来看，也有意思。近来郭沫若先生在《由周代农事诗论到周代社会》一文（见《青铜时代》）里翻译了《诗经》的十篇诗，风雅颂都有。他是用来论周代社会的，译文可也都是明畅的素朴的白话散文诗。此外还有将《诗经》《楚辞》和《论语》作为文学来今译的，都是有意义的尝试。这种翻译的难处在乎译者的修养；他要能够了解古文学，批判古文学，还要能够照他所了解与批判的译成艺术性的或有风格的白话。

翻译之外，还有讲解，当然也是用白话。讲解是分析原文的意义并加以批判，跟翻译不同的是以原文为主。笔者在《国文月刊》里写的《古诗十九首集释》，叶绍钧先生和笔者合作的《精读指导举隅》（其中也有语体文的讲解），浦江清先生在《国文月刊》里写的《词的讲解》，都是这种尝试。有些读者嫌讲得太琐碎，有些却愿意细心读下去。还有就是白话注释，更是以读原文为主。这虽然有人试过，如《论语》白话

①整理国故：以胡适为代表的一种思潮。

注之类，可只是敷衍旧注，毫无新义，那注文又啰里啰唆的。现在得从头做起，最难的是注文用的白话，现行的语体文里没有这一体，得创作，要简明朴实。选出该注释的词句也不易，有新义更不易。此外还有一条路，可以叫作拟作。谢灵运有《拟魏太子邺中集》，综合的拟写建安诗人，用他们的口气作诗。江淹有《杂拟诗》三十首，也是综合而扼要的分别拟写历代无名的五言诗人，也用他们自己的口气。这是用诗来拟诗。英国麦克士·比罗姆着《圣诞花环》，却以圣诞节为题用散文来综合的扼要的拟写当代各个作家。他写照了各个作家，也写照了自己。我们不妨如法炮制，用白话来尝试。以上四条路都通到古文学的欣赏；我们要接受古代作家文学遗产，就可以从这些路子走近去。

中国散文的发展

一

现存的中国最早的无韵文（散文），是商代的卜辞。这只算是些纪事的句子，很少有一章一节的。后来《周易》卦爻辞和鲁《春秋》也是如此，不过经卜官和史官按着卦爻与年月的顺序编纂起来，比卜辞显得整齐些罢了。便是这样，王安石还说鲁《春秋》是“断烂朝报”；所谓“断”，正是不成片段，不成章节的意思。卜辞的简略大概是工具的缘故；在脆而狭的甲骨上用刀笔刻字，自然不得不如此。但卜辞的量定了纪事文的体制；卦爻辞和鲁《春秋》还在卜辞的氛围里，虽然写在竹木简上，自由比较多，却依然只跟着卜辞走。纪言文就不一样。尚书里的虞夏书大概是后人追记，而且大部分是战国末年的追记，可以不论；但那几篇商书，即使有些是追记，也总在商周之间。那不但有章节，并且成了篇，足以代表当时史的发展，就是叙述文的发展。而议论文也在这里面见了源头。卜辞是“辞”，《尚书》里大部分也是“辞”。这些都是官文书。

纪事纪言的辞之外，还有讼辞。打官司的时候，原、被告的口供都叫作“辞”；辞原是“讼”的意思。这种辞关系两造的利害很大，两造都得用心陈说；审判官也得用心听，他得公平地听两面儿的。这种辞也兼有叙述和议论；两造自己办不了，可以请教讼师。这是周代的情形。春秋时候，列国交际频繁，外交的言语关系国体和国家的利害更大，不用说更需慎了。这也叫作“辞”，又叫作“命”“辞命”，后来通称“辞令”。郑子产便是个善于辞命的人。郑是个小国，他办外交，却能叫大国折服，便靠他的辞命。他的辞婉顺而有理，他的态度却坚强不屈。孔子赞美他的“文辞”，更赞美他的“慎辞”。孔子说当时郑国的辞命，子产先教裨谌创意起草，交给世叔审查，再教行人子羽修改，末了儿他再加润色。他的确是很慎重的。孔子很注重辞令，他觉得这不是件易事，所以自己谦虚地说是办不了。但他教学生却有这一科；他称赞宰我子贡，擅长言语。“言语”就是“辞命”。那时候言文似乎是合一的，“辞”“文辞”“命”“辞命”都兼指说出的和写出的言语。有时预备下稿子让使臣带着走，有时让使臣随机应变，自己想话说，却都称为“辞命”，并无分别。当时言语，方言之外有“雅言”。“雅言”就是“夏言”，是当时的京话或官话。孔子讲学就用雅言，不用鲁语。卜辞，尚书和辞命，大概都是历代的雅言，讼辞自当别论。雅言用的既多，所以每字大概都能写出；而写出的和说出的雅言，大体上是一致的。孔子说“辞”只要“达”就成。

“辞”是辞命，“达”是明白；辞多了像背书，少了说不明白，多少要恰如其分。这也就是“慎辞”的意思。辞命的重要，代表议论文的发展。战国时代，游说之风大盛。游士立谈可以取卿相，所以最重说辞。他们的说辞却不像春秋的辞命那样从容婉顺了。他们铺张局势，滔滔不绝，真像背书似的；他们的话，像天花乱坠，有时夸饰，有时诡曲，不问是非，只图激动人主的心。那时最重辩。孟子说，“吾岂好辩哉？吾不得已也”。荀子也说，“君子必辩”。这都是游士的影响，但是墨子老子韩非三家，却不重辩。墨子以为辩说文辞之言，教人重文忌用。老子说，“信言不美，美言不信”；老学所要的是自然。韩非却兼取两说。后来儒家作《易·文言传》，也道，“君子进德修业：忠信，所以讲德也；修辞立诚，所以居业也。”这不但是在暗暗地批评着游士好辩的风气，恐怕还在暗暗地批评着后来称为名家的“辩者”呢。这虽然不会是孔子的话，如有些人所信，可是和“辞达论”倒是合拍的。

孔子开了私人讲学的风气，从此也便有了私家的著作。第一种私家著作是《论语》，却不是孔子自作而是他的弟子们记的他的说话。诸子书大概多是弟子们及后学者所记，自作的极少。《论语》以记言为主，所记的多是很简单的。孔子主张“慎言”，痛恨“巧言”和“利口”；他向弟子们说话，大概是很质直的，弟子们体念他的意思，也只简单地记出。到了墨子和孟子，可就丰长得多。

《墨子》大约也是弟子们所记。《孟子》据说是孟子晚年和他弟子公孙丑、万章等编定的，可也是弟子们记言的体制。那时是个“好辩”的时代。墨子虽不好辩，却也脱不了时代的影响；孟子本是个好辩的人。记言体制的恢复，是自然的趋势。这种记言是直接的对话。由对话发展而为独白，便是“论”。初期的论，言意浑括，老子可为代表；后来的墨经，韩非子储说的经，管子的经言，都是这体制。再进一步，便是恢张的论，《庄子·齐物论》等篇以及《荀子》《韩非子》《管子》的一部分，都是的。《老子》《庄子》里有时可都夹着一些韵文。古代无韵文里常有这种情形；大约韵文发达在先，所以在无韵文里还留着些遗迹。

还有一种“寓言”，借着神话或历史故事来抒论。《庄子》多用神话，《韩非子》多用历史故事；《庄子》有些神仙家言，《韩非子》是继承《庄子》的寓言而加以变化。战国游士的说辞也好用譬喻。譬喻成了风气；这开了后来辞赋的路。论是进步的体制，但还只以篇为单位，“书”的观念还没有。直到

《吕氏春秋》，才成了第一部有系统的书。这部书成于吕不韦的门客之手，有十二纪，八览，六论，共三十多万字。十二代表十二月，八是卦数，六是秦代的圣数；这些数目是本书的间架，是外在的系统，并非逻辑的秩序。汉代刘安主编《淮南子》，才按照逻辑的秩序，结构就严密多了。自从有了私家著作，学术日渐平民化。著作越过越多，流传也越过越广；"雅言"便成了凝定的文体了。后世大体采用，言文渐渐分离。战国末期，"雅言"之外原还有齐语楚语两种有势力的方言。但是齐语只在《春秋公羊传》里留下些；楚语只在屈原的"辞"里留下几个助词如"羌""些"等。它们都让"雅言"压倒了。

伴随着议论文的发展，记事文也有了长足的进步。这里《春秋左氏传》是一座里程碑。在前有分国记言的《国语》，《左传》从它里面取材很多。那是丰长的记言，一面以《尚书》为范本，一面让当时记言体的恢张的趋势推动着，成了这部书。其中自然免不了记事的文字；《左传》便从这里出发，将那恢张的趋势表现在记事文里。那时游士的说辞也有人分国记载，也是丰长的记言，后来成为《战国策》那部书。《左传》是说明《春秋》的，是中国第一部编年史。它是长于战争的记载：它能够将千头万绪的战争叙得层次分明，它的描写更是栩栩如生。它的记言也异曲同工，不过不算独创罢了。它可还算不得一部有自己的系统的书；它的顺序是依着《春秋》的。《春秋》的编年并不是自觉的系统，而且"断如复断"，也不成一部“书”。

汉代司马迁的《史记》，才是第一部有自己的系统的史书。他创造了“纪传”的体制。他的书包括十二本纪，十表，八书，三十世家，七十列传，共五十多万字。十二是十二月，是地支，十是天干，八是卦数。三十取老子“三十辐共一毂”的意思，表示那些“辅弼股肱之臣”，“忠信行道以奉主上”；七十表示人寿之大齐，因为列传是记载人物的。这也是用数目的哲学作系统，并非逻辑的秩序，和《吕氏春秋》一样。这部书“厥协六经异传，整齐百家杂语”，以剪裁与组织见长。但是它的文字最大的贡献，还在描写人物。左氏只是描写事，司马迁进一步描写人；写人更需要精细的观察和选择，比较的更难些。班彪论《史记》“善叙事理，辨而不华，质而不野，文质相称”，这是说司马迁行文委曲自然。他写人也是如此。他行文又往往即事寓情，低徊不尽；他的悲愤的襟怀常流露在字里行间。明茅坤称他“出风入骚”，是不错的。

汉武帝时候，盛行辞赋；后世说“楚辞汉赋”，真的，汉代简直可以说是赋的时代。所有的作家几乎都是赋的作家。赋既有这样压倒的势力，一切的文体，自然都受它的影响。赋的特色是铺张，排偶，用典故。西汉记事记言，都还用散行的文字，语意大抵简明；东汉就在散行里夹排偶，汉、魏之际，排偶更甚。西汉的赋，虽用排偶，却还重自然，并不力求工整；东汉到魏，越来越工整，典故也越用越多。西汉普通文字，句子很短，最短有两个字的，东汉的句子，便长起来，最短的是四个字，魏代更长，往往用上四下六或上六下四的两句以完一意。清代所谓“骈文”或“骈体”，便这样开始发展。骈体出于辞赋，夹带着不少的抒情的成分；而句读整齐，对偶工丽，可以悦目，声词和谐，又可悦耳，也都助人情韵。这是别的无韵文所不及，因此能够投人所好，成功不废的体制。

二

梁昭明太子在《文选·序》里第一次提出“文”的标准，可以说是骈体发展的指路牌。他不选经、子、史，也不选“说辞”。经太尊，不可选，史“褒贬是非，纪别异同”，不算“文”；子“以立意为宗，不以能文为本”，“说辞”是子、史的支流，也都不算“文”。他所选的只是“事出于沉思，义归乎翰藻”之作。“事”是“事类”，就是典故；“翰藻”兼指典故和譬喻。典故用得好的，譬喻用得好的，他才选在他的书里。这种作品好像各种乐器，“并为入耳之娱”，好像各种绣衣，“俱为悦目之玩”。这是“文”，和经、子、史及“说辞”作用不同，性质自异。后来梁元帝又说，“吟咏风谣，流连哀思者谓之文”，“文者，惟须绮縠纷披，宫徵靡曼，唇吻遒会，情灵摇荡”。这是说，用典故，有对偶，谐声调的抒情作品才叫作“文”呢。这种“文”大体上专指诗赋和骈体而言；但应用的骈体如奏章等，却不算在里头。汉代本已称诗赋为“文”，而以“文辞”或“文章”称纪言纪事之作。骈体原也是些纪言纪事之作，这时候却被提出一部分来，与诗赋并列在“文”的尊称之下，真是“附庸蔚为大国”了。这时有两种新文体发展。一是佛典的翻译，一是群经的义疏。佛典翻译从前不是太直，便是太华；太直的不好懂；太华的简直是魏晋人讲老庄之学的文字，不见新义。

这些都不能做到“达”的地步。东晋时候，后秦主姚兴聘印度僧鸠摩罗什为国师，主持译事。他兼通华语及西域语；所译诸书，一面曲从华语，一面不失本旨。他的译文可也不完全华化，往往有“天然西域之语趣”；他介绍的“西域语趣”是华语所能容纳的，所以觉得“天然”。新文体这样成立在他的手里。但他的翻译虽能“达”，却还不能尽“信”；他对原文是不太忠实的。到了唐代的玄奘，更求精确，才能“信”“达”兼尽，集佛典翻译的大成。这种新文体一面增扩了国语的词汇，也增扩了国语的句式。词汇的增扩，影响最大而易见，如现在口语里还用着的“因果”“忏悔”“刹那”等词便都是佛典的译语。句式的增扩，直接的影响比较小些，但像文言里常用的“所以者何”“何以故”等，也都是佛典的译语。另一面，这种新文体是“组织的，解剖的”。这直接影响了佛教徒的“疏钞”之学，间接影响了一般解经和讲学的人。

演绎古人的话的有“故”“解”“传”“注”等。用故事来说明或补充原文，叫作“故”；演绎原来辞意，叫作“解”。但后来解释字句，也叫作“故”或“解”。“传”，转也，兼有“故”“解”的各种意义。如《春秋左氏传》补充故事，兼阐明《春秋》辞意。《公羊传》《谷梁传》只阐明《春秋》辞意；它们用回答式的记言。《易传》推演卦爻辞的意旨，也是丰长的记言。《诗·毛氏传》解释字句，并给每篇诗作小序，阐明辞意。“注”原只解释字句，但后来也有推演辞意，补充故事的。用故事来说明或补充原文，以及一般的解释辞意，大抵明白易晓。《春秋》三传和《诗·毛氏传》阐明辞意，却是断章取义，甚至断句取义，所以支离破碎，无中生有。注字句的本不该有大出入，但因对于辞意的见解不同，去取字义，也有各别的标准。注辞意的出入更大。像王弼注《周易》，实在是发挥老庄的哲学；郭象注《庄子》，更是借了庄子发挥他自己的哲学。南北朝人作群经“义疏”，一面便是王弼等人的影响，一面也是翻译文体的间接影响。这称为“义疏”之学。

汉晋人作群经的注，注文简括，时代久了，有些便不容易通晓。南北朝人给“注”作解释，也是补充材料，或推演辞意。“义疏”便是这个。无论补充或推演，都是先解剖文义；这种解剖必然的比注文解剖经文更精细一层。这种精细的却不是破碎的解剖，似乎是佛典翻译的影响。就中推演辞意的有些也只发挥老庄之学，虽然也是无中生有，却能自成片段，便比汉人的支离破碎进步。这是王弼等人的衣钵，也是魏晋以来哲学发展的表现。这是又一种新文体的分化。到了唐人修“五经”正义，削去玄谈，力求切实，只以疏明注义为重，解剖字句的工夫，至此而极。宋人所谓“注疏”的文体，便成立在这时代。后来清代的精密的考证文，就是从这里变化出来的。

不过佛典只是佛典，义疏只是义疏，当时没有人将这些当作“文”的。“文”只用来称“沉思翰藻”的作品。但“沉思翰藻”的文，渐渐有人嫌“浮”“艳”了。“浮”是不直说，不简截说的意思。“艳”正是隋代李谔上文帝书中所指斥的：“连篇累牍，不出月露之形；积案盈箱，唯是风云之状。”那时北周的苏绰是首先提倡复古的人，李谔等纷纷响应。但是他们都没有找到路子；死板地模仿古人，到底是行不通的。唐代陈子昂提倡改革文体，和者尚少。到了中叶，才有一班人“宪章六艺，能探古人述作之旨”，而元结、独孤及、梁肃最著。他们作文，主于教化，力避排偶，辞取朴拙。但教化的观念，广泛难以动众，而关于文体，他们也不曾积极宣扬，因此未成宗派。开宗派的是韩愈。

三

韩愈，邓州南阳（今河南南阳）人。唐宪宗时，作刑部侍郎，因谏迎佛骨，被贬。后来官至吏部侍郎，所以称为“韩吏部”。他很称赞陈子昂、元结复古的功劳，又曾请教过梁肃、独孤及。他的脾气很坏，但提携后进，最是热肠。当时人不愿为师，以避标榜之名；他却不在乎，大收其弟子。他可不愿作章句师，他说师是“传道授业解惑”的。他实在是以文辞为教的创始者。他所谓“传道”，便是传尧、舜、禹、汤、文武、周公、孔子、孟子的道；所谓“解惑”，便是排斥佛老。他是以继承孟子自命的；他排佛老，正和孟子的拒杨、墨一样。当时佛老的势力极大，他敢公然排斥，而且因此触犯了皇帝。这自然足以惊动一世。他并没有传了什么新的道，却指示了道统，给宋儒开了先路。他的重要的贡献，还在他所提倡的“古文”上。

他说他作文取法《尚书》《春秋》《左传》《周易》《诗经》，以及《庄子》、《楚辞》、《史记》、扬雄、司马相如等。《文选》所不收的经、子、史，他都排进“文”里去。这是一个大改革、大解放。他这样建立起文统来。但他并不死板地复古，而以变古为复古。他说“惟古于辞必己出，降而不能乃剽贼”，又说“惟陈言之务去，戛戛乎其难哉”；他是在创造新语。他力求以散行的句子换去排偶的句子，句读总弄得参参差差的。但他有他的标准，那就是“气”。他说，“气盛则言之短长与声之高下者皆宜”；“气”就是自然的语气，也就是自然的音节。他还不能跳出那定体“雅言”的圈子而采用当时的白话；但有意地将当时白话的自然音节引到文里去，他是第一个人。

在这一点上，所谓“古文”也是不古的；不过他提出“语气流畅”（气盛）这个标准，却给后进指点了一条明路。他的弟子本就不少，再加上私淑的，都往这条路上走，文体于是乎大变。这实在是新体的“古文”，宋代又称为“散文”，算成立在他的手里。

柳宗元与韩愈，宋代并称；他们是好朋友。柳作文取法《书》《诗》《礼》《春秋》《易》以及《谷梁》、孟、荀、庄、老、《国语》、《离骚》、《史记》，也将经、子、史排在“文”里，和韩的文统大同小异。但他不敢为师，“摧陷廓清”的劳绩，比韩差得多。他的学问见解，却在韩之上，并不墨守儒言。他的文深幽精洁，最工游记；他创造了描写景物的新语。韩愈的门下有难易两派，爱易派主张新而不失自然，李翱是代表。爱难派主张新就不妨奇怪，皇甫湜是代表。当时爱难派的流传盛些。他们矫枉过正，语艰义奥，扭曲了自然的语气，自然的音节。僻涩诡异，不易读诵。所以唐末宋初，骈体文又回光返照了一下。雕琢的骈体文和僻涩的古文先后盘踞着宋初的文坛。直到欧阳修出来，才又回到韩愈与李翱，走上平正通达的古文的路。

韩愈抗颜为人师而提倡古文，形势比较难；欧阳修居高位而提倡古文，形势比较容易，明代所称唐宋古文八大家，韩、柳之外，六家都是宋人。欧阳修为首；以下是曾巩、王安石、苏洵和他的轼、辙二子。曾巩、苏轼是欧阳修的门生；别的三个也都是他提拔的。他真是当时文坛的盟主。韩愈虽然开了宗派，却不曾有意地立宗派；欧、苏是有意地立宗派。他们虽也提倡道，但只促进了并且扩大了古文的发展。欧文主自然。他所作纡徐曲折，而能条达疏畅，无艰难劳苦之态。最以言情见长；评者说是从《史记》脱化而出。曾学问有根柢，他的文确实谨严；王是政治家，所作以精悍胜人。三苏长于议论，得力于《战国策》《孟子》；而苏轼才气纵横，并得力于《庄子》。他说他的文"常行于所当行，常止于不可不止"；又说他意到笔随，无不尽之处。这真是自然的极致了。他的文，学的人最多。南宋有"苏文熟，秀才足"的俗谚，可见影响之大。

欧、苏以后，古文成了正宗。辞赋虽还算在古文里头，可是从辞赋出来的骈体却只拿来作应用文了。骈体声调铿锵，便于宣读，又可铺张辞藻，不着边际，便于酬酢，作应用文是很相宜的。所以流传到现在，还没有完全死去。但中间却经过了散文化。这从唐代中叶的陆贽开始。他的奏议切实恳挚，绝不浮夸，而且明白晓畅，用笔如舌。唐末，骈体的应用文专称"四六"，却更趋雕琢；宋初还是如此。转移风气的也是欧阳修。他多用虚字和长句，使骈体稍稍近于语气之自然。嗣后群起仿效，散文化的骈文竟成了定体了。这也是古文运动的大收获了。

唐代又有两种新文体发展。一是语录，一是"传奇"，都是佛家的影响。语录起于佛家的禅宗。禅宗是革命的宗派，他们只说法而不著书。他们大胆地将师父们的话参用当时的口语记下来。后来称这种体制为语录。他们不但用这种体制记录演讲，还用来通信和讨论。这是新的记言的体制；里面夹杂着“雅言”和译语。宋儒讲学，也采用这种记言的体制，不过不大夹杂译语。宋儒的影响究竟比禅宗大得多，语录体从此便成立了、盛行了。传奇是有结构的小说。从前只有杂录或琐记的小说，有结构的从传奇起头。传奇记述艳情，也记述神怪；但将神怪人情化。这里面描写的人生，并非全是设想，大抵还是以亲切的观察做底子。这开了后来佳人才子和鬼狐仙侠等小说的先路。它的来源一方面是俳谐的辞赋，一方面是翻译的佛典故事；佛典里长短的寓言所给予的暗示最多。当时文士作传奇，原来只是向科举的主考官介绍自己的一种门路。当时应举的人在考试之前，得请达官将自己姓名介绍给主考官；自己再将文章呈给主考官看。先呈正经文章，过些时再呈杂文如传奇等。传奇可以见史才、诗笔、议论，人又爱看，是科举的很好媒介。这样，作者便日见其多了。

到了宋代，又有“话本”。这是白话小说的老祖宗。话本是“说话”的底本；“说话”略同后来的“说书”，也是佛家的影响。唐代佛家向民众宣讲佛典故事，连说连唱，本子夹杂“雅言”和口语，叫作“变文”；“变文”后来也有说唱历史故事及社会故事的。“变文”便是“说话”的源头；“说话”里也还有演说佛典这一派。“说话”是平民的艺术；宋仁宗很爱听，以后便变为专业，大流行起来了。这里面有说历史故事的，有说神怪故事的，有说社会故事的。“说话”渐渐发展，本来由一个或几个同类而不相关联的短故事，引出一个同类而不相关联的长故事的，后来却能将许多关联的故事组织起来，分为“章回”了。这是体制上一个大进步。

话本留存到现在的已经很少，但还足以见出后世的几部小说名著，如元罗贯中的《三国志演义》《水浒传》，明吴承恩的《西游记》，都是从话本演化出来的；不过已是文人的作品，而不是话本了。就中《三国志演义》还夹杂着“雅言”，《水浒传》和《西游记》便都是白话了。这里《西游记》以设想为主外，别的都可说是写实的。这种写实的作风在清曹雪芹的《红楼梦》里得着充分的发展。《三国志演义》等书里的故事虽然是关联的，却不是连贯的。到了《红楼梦》，组织才更严密了；全书只是一个家庭的故事。虽然包罗万有，而能“一以贯之”。这不但是章回小说，而且是近代所谓“长篇小说”了。白话小说到此大成。

四

明代用八股文取士；一般文人都镂心刻骨地去简练揣摩，所以极一代之盛。“股”是排偶的意思；这种体制中间有八排文字，互为对偶，所以有此称。——自然也有变化，不过“八股”可以说是一般的标准。——又称为“‘四书’文”，因为考试里最重要的文字，题目都出在“四书”里。又称为“制艺”，因为这是朝廷法定的体制。又称为“时文”，却是对古文而言。八股文也是推演经典辞意的；它的来源，往远处说，可以说是南北朝义疏之学，往近处说，便是宋元两代的经义。但它的格律，却是从“四六”演化的。宋代定经义为考试科目，是王安石的创制；当时限用他的群经“新义”，用别说的不录。元代考试，限于“四书”，规定用朱子的章句和集注。明代制度，主要的部分也是如此。

经义的格式，宋末似乎已有规定的标准，元明两代大体上递相承袭。但明代有两种大变化：一是排偶，一是代古人语气。因为排偶所以讲究声调。因为代古人语气，便要描写口吻；圣贤要像圣贤口吻，小人要像小人的。这是八股文的仅有的本领，大概是小说和观曲的不自觉的影响。八股文格律定得那样严，所以得简练揣摩，一心用在技巧上。除了口吻、技巧和声调之外，八股文里是空洞无物的。而因为那样难，一般作者大都只能套套滥调，那真是“每下愈况”了。这原是君主牢笼士人的玩艺儿，但它的影响极大；明清两代的古文大家几乎没有一个不是从八股文出身的。

清代中叶，古文有桐城派，便是八股文的影响。诗文作家自己标榜宗派，在前只有江西诗派，在后只有桐城派。桐城派的势力，绵延了两百多年，直到民国初期还残留着；这是江西派比不上的。桐城派的开山祖师是方苞，而姚鼐集其大成。他们都是安徽桐城人，当时有“天下文章在桐城”的话，所以称为桐城派。方苞是八股文大家。他提倡归有光的文章，归也是明代八股文兼古文大家。方是第一个提倡“义法”的人。他论古文以为“六经”和《论语》《孟子》是根源，得其枝流而义法最精的是《左传》《史记》；其次是《公羊传》《谷梁传》,《国语》《国策》，两汉的书和疏，唐宋八家文。再下怕就要数到归有光了。这是他的，也是桐城派的文统论。“义”是用意，是层次；“法”是求雅，求洁的条目，雅是纯正不杂，如不可用语录中语，骈文中丽语，汉赋中板重字法，诗歌中俊语，南北史中佻巧语，以及佛家语。后来姚鼐又加上注疏语和尺牍语。洁是简省字句。这些“法”其实都是从八股文的格律引申出来的。方苞论文，也讲“阐道”；他是信程、朱之学的，不过所入不深罢了。

方苞受八股文的束缚太甚，他学得的只是《史记》以及欧、曾、归的一部分，只是严整而不雄浑，又缺乏情韵。姚鼐所取法的还是这几家，虽然也不雄浑，却能“迂回荡漾，余味曲包”。这是他的新境界。《史记》本多含情不尽之处，所谓远神的。欧文颇得此味，归更向这方面发展——最善述哀，姚简直用全力揣摩。他的老师刘大櫆指出作文当讲究音节，音节是神气的迹象，可从字句下手。姚鼐得了这点启示，便从音节上用力，去求得那绵邈的情韵。他的文真是所谓“阴与柔之美”。他最主张诵读，又最讲究虚助字，都是为此。但这分明是八股文讲究声调的转变。刘是雍正副榜，姚是乾隆进士，都是用功八股文的。当时汉学家提倡考据，不免烦琐的毛病。姚鼐因此主张义理、考据、词章三端相济，偏废的就是“陋”儒。但他的义理不深，考据多误，所有的还只是词章本领。他选了《古文辞类纂》，序里虽提到“道”，却只成为古文的典范。书中也不选经、子、史；经也因为太尊，子、史却因为太多。书中也选辞赋，这部选本是桐城派的经典，学文的必由于此，也只须由于此。方苞评归有光的文庶几“有序”，但“有光之言”太少。曾国藩评姚鼐也说一样的话，其实桐城派都是如此。攻击桐城派的人说他们空疏浮浅，说他们范围太窄，全不错；但他们组织的技巧，言情的技巧，也是不可抹杀的。

姚鼐以后，桐城派因为路太窄，渐有中衰之势。这时候仪征阮元提倡骈文正统论。他以《文选·序》和南北朝“文”“笔”分别为根据，又扯上传为孔子作的《易·文言传》。他说用韵的用偶的才是文；散行的只是笔，或是“直言”的“言”，“论难”的“语”。古文以立意记事为宗，是子、史正流，终究与文章有别。文言传多韵语偶语，所以孔子才题为“文”言。阮元所谓韵，兼指句末的韵与句中的和而言。原来南北朝所谓“文”“笔”，本有两义：“有韵为文，无韵为笔”，是当时的常言。韵只是句末韵，阮元根据此语，却将和也算是韵，这是曲解一。梁元帝说有对偶、谐声调的抒情作品是文，骈体的章奏与散体的著述都是笔。阮元却只以散体为笔，这是曲解二。至于《文言传》，固然称“文”，却也称“言”，况且也非孔子所作；那更是附会了。他的主张虽然也有些响应的人，但是不成宗派。

曾国藩出来，中兴了桐城派。那时候一般士人，只知作八股文；另一面汉学宋学的门户之争，却越来越利害，各走偏锋。曾国藩为补偏救弊起见，便就姚鼐义理、考据、词章三端相济之说加以发扬光大。他反对当时一般考证文的芜杂琐碎，也反对当时崇道贬文的议论，以为要明先王之道，非精文研字不可；各家著述见道的多寡，也当以他们的文字为衡量的标准。桐城文的病在弱在窄，他却能以深博的学问，宏通的见识，雄直的气势使它起死回生。他才真回到韩愈，而且胜过韩愈。他选了经史百家杂抄，将经、史、子也收入选本里，让学者知道古文的源流，文统的一贯，眼光比姚鼐远大得多。他是一代伟人，幕僚和弟子极众，真是登高一呼，群山四应。这样延长了桐城派的寿命几十年。

但“古文不宜说理”。从韩愈就如此。曾国藩的力量究竟也没有能够补救这个缺陷于一千年之后。而海通以来，世变日亟，事理的繁复，有些决非古文所能表现。因此聪明才智之士渐渐打破古文的格律，放手做去。到了清末，梁启超先生的“新文体”可算登峰造极。他的文“时杂以俚语，韵语及外国语法，纵笔所至不检束，学者竞效之”。而“条理明晰，笔锋常带情感，对于读者，别有一种魔力”。但这种“魔力”也不能持久；中国的变化实在太快，这种“新文体”又不够用了。胡适之先生和他的朋友们这才起来提倡白话文。经过五四运动，白话文是畅行了。这似乎又回到古代言文合一的路，然而不然，这时代是第二回翻译的大时代。白话文不但不全跟着国语的口语走，也不全跟着传统的白话走，却有意地跟着翻译的白话走。这是白话文的现代化，也就是国语的现代化。中国一切都在现代化的过程中，语言的现代化也是自然的趋势，是不足怪的。